非情绪化沟通

[日] 新井庆一 著　何彦 译

中国画报出版社·北京

图书在版编目（CIP）数据

非情绪化沟通 /（日）新井庆一著；何彦译. -- 北京：中国画报出版社，2023.11
ISBN 978-7-5146-1943-0

Ⅰ.①非… Ⅱ.①新… ②何… Ⅲ.①语言艺术—通俗读物 Ⅳ.①H019-49

中国国家版本馆CIP数据核字(2023)第198415号

100% TOKUSURU HANASHIKATA by Yoshikazu Arai
Copyright © Yoshikazu Arai 2020
All rights reserved.
Original Japanese edition published by Subarusya Corporation.

This Simplified Chinese language edition published by arrangement with Subarusya Corporation, Tokyo in care of Tuttle-Mori Agency, Inc., Tokyo through Inbooker Cultural Development (Beijing) Co., Ltd., Beijing

北京市版权局著作权合同登记号：图字 01-2023-5067

非情绪化沟通

[日] 新井庆一 著　何彦 译

出 版 人：方允仲
责任编辑：田朝然
责任印制：焦　洋

出版发行：中国画报出版社
地　　址：中国北京市海淀区车公庄西路33号
邮　　编：100048
发 行 部：010-88417418　010-68414683（传真）
总编室兼传真：010-88417359　版权部：010-88417359

开　　本：32开（880mm×1234mm）
印　　张：6.5
字　　数：151千字
版　　次：2023年11月第1版　2023年11月第1次印刷
印　　刷：天津鑫旭阳印刷有限公司
书　　号：ISBN 978-7-5146-1943-0
定　　价：49.80元

序

99%的人在对话中吃亏

我想,拿到这本书的人,恐怕是对日常对话有某种不安或不满的人。例如:

"因为我是个不善言辞的人,所以过得不好。"

"因为不能像别人那样妙语连珠,所以得不到好的评价。"

"最好别轮到我来说,因为我说不出有趣的东西。"

另一方面,也许还有这样的人:

"不知不觉又说得太多，总是让对方避之不及。该怎么办才好呢？"

"我明明觉得很有趣，说出来之后却被人说实在没趣。"

"明明我说得更好，为什么那个人更讨人喜欢？"

这本书的出版，对以上各位来说，是个好消息。

读了这本书以后，你们断然不会再为这种事烦恼了。

无论对方是同事、顾客、朋友，抑或是亲密的另一半，你们都不会再为对话而感到烦恼了。

而且，当你们读完这本书后，一定会感叹一句："原来对话如此简单！"同时，还会有一种豁然开朗的感觉。

不过，在开始正文之前，有一件事我想让各位知道，那就是——世上99%的人都在对话中吃了亏。

为什么这么说呢？

序

因为99%的人在对话时，完全没有听对方在说什么。

"不，那不可能。"
"我一直把'倾听对方说话'作为座右铭。"
"无论在公司还是在家，没有人比我更懂倾听了。"
……

有这样想法的人应该不少吧。但，请别急。

各位在对话时，真的在听别人的话吗？举个例子，听对方说话时，你是否总想着自己如何？比如"轮到自己说的时候该怎么办？""自己要说些什么？"之类的。那时对方说的话，你大概没有完全听进去吧？

就是这个原因。

世上99%的人，在对话的时候虽然在听着对方讲话，但其实在想着自己如何说话。证据是，对话结束之后，几乎没什么人记得对方具体说了什么。而且，他们总是在心中想着："哪怕只是一丁点儿，也想让自己看起来更好，也想让别人觉得自己更好。"

有这种想法的人不止你一个。擅长对话的人、不擅长对话的人，都会这样想。

我指导过8000多人练习对话，凭我的经验，"真正在听对方说话的人"，100人之中充其量只有一个。不，我说1000人之中只有一个也不过分。

正因如此，我才会断言"99%的人没有在听对方说话"。而且，机会就在这里。

世上99%的人只顾着考虑自己——反过来说，如果真正好好听对方说话，你就会被当成珍宝一样的存在。

但是，这又产生一个问题：市面上出版了很多讲述倾听他人说话的重要性的书，这本书和它们有什么不同呢？

我直截了当地回答你们吧：世上99%的人搞错了听人说话的方法。

序

"嗯?'搞错了听人说话的方法'?

——以上这句话,很多人不太懂是什么意思。"

是的,正是如此。所以,我会详细说明的。本书想要表达的意思,就是——作为听者的你,要"从对话的舞台上下来",让对方说90%的话。

"从对话的舞台上……下来?
还是不太明白。"

这么想也是很自然的。

然而,"从对话的舞台上下来"这种想法,正是我所提倡的"99%从不吃亏的说话方式"的重点。

话不多说,我们一起来看看吧。

比起"不要说话",更重要的是"不要抛出话题"

要想运用好"99%从不吃亏的说话方式",有三件事必须做到。

①绝对不要自己抛出话题。

②让对方说90%的话。

③让对方心情愉悦。

怎么样,很简单吧?

因为过于简单,可能有人会觉得很扫兴。

但是,请仔细考虑一下。

最初的一步"绝对不要自己抛出话题",其实很困难。因为人是有"表达欲"的生物。不管一个人多么不擅长说话,一直听对方说话,都是一件令人难受、无聊的事。

而且,也有相当一部分人,不管前面多么努力忍住不说,一旦可以说了,就会像雪崩一样说个没完。

因此,"从对话的舞台上下来"这种想法十分重要。

那么,怎么样才能"从对话的舞台上下来"?

我们与人交谈的时候,无论是一对一,还是一对多,无意识里都是和对方站在同一舞台上对话的。

序

> 90%的人想要登上舞台来讲话

我的厉害之处在于……

快！快！我也想讲。

嗯嗯，然后呢？

自己不在聚光灯之下，因此更轻松。

能从舞台上下来，倾听对方的人是很难得的

我们要改变这种意识。

也就是说,在对方说话的过程中,我们要意识到自己比对方低一级。

用相声组合来打比方的话,就是把舞台交给搭档,自己从舞台下来,让聚光灯打在搭档的身上。

如此一来,作为听者的你就会"消失",因而能够"真的"可以听到对方在说什么。

别人对你的话毫无兴趣

我意识到这一点,是在辞掉了公司职员的工作,成为自由职业者之后。

我从小就不太会说话,直到大学毕业,只交到了一个朋友——我就是内向到这种程度的人。在好不容易入职的公司里,我因为太害怕与人交流,不敢去客户的公司,导致第一个月只签下来三份合同。更何况这三份合同都是在第一个月里凭着新手的幸运拿下的。从第二个月开始,合同就完全签不下来,每天的日报都写着"全

序

部被拒绝了"，我就是这样一个糟糕的员工，不久就被公司裁掉了。

之后，我做过健康乐园游戏中心的管理员、深夜分拣产品的工作人员、IT企业的营业员等各种各样的工作。总之，无论哪份工作都没做多久，更糟糕的是，我因为得了轻度抑郁症，不得不选择了自由职业这条道路。

然而，在我做了自由职业者之后，偶然看到一本书，其中的一行字让我的人生产生了巨变，那就是"别人对你的话毫无兴趣"。

对自己之前的人生反复思考后，我觉得自己的确患有"人类恐惧症"。

不，不是害怕和人见面这么简单，而是讨厌人类以至于去客户公司时连门把手都不敢碰。那种状态，就像是碰一下门把手，都会害怕得像有一股电流穿过了身体一样。

"人生过得不顺，是因为没法和人好好说话。没法和人好好说话的我是一个废物。这就像主持人说话没意思，谁也不会去听一样。"我如此深信。

但是，受了这本书中"别人对你的话毫无兴趣"一行字的冲击，我决定彻底地研究一下对话。然后，我意识到："如果我不让自己抛出话题，就只由对方来说。如果对方能说90%的话，我就能'发自内心地'倾听对方的话。"

如果你想改变人生，请让对方说90%的话。

自从采用了"让对方说90%的话"的说话方式，我的人生就发生了180度的大逆转。

首先，我开始不断地被邀请去指导那些家喻户晓的知名人士。而且，那些人最终都成功了，通过口口相传，我的客户也多了起来。听了我的指导或讲座而创业、跳槽的人，他们的人生都实现了飞跃。

不妨举几个例子：

    创下零售业内月度销量第一的纪录；
    被提拔为上市企业高管；

序

长年单身的人成为被成功人士竞相追求的人气对象；

销售额激增4倍；

从带着孩子领最低生活保障，变成能为妈妈经营合租房；

离过婚又带着孩子的单身女性，如今追求者多得令人头疼。

诸如此类，许多人都实现了自己的理想。

而且，我自己也因为教授"让对方说90%的话"的说话方式，进一步完善了我的方法。正因为我用这种说话方式实现了人生的大逆转，引导很多人取得了成功，我才有此一说——作为听者的你，要"从对话的舞台上下来，让对方说90%的话"。

只有这样，才能真正改变人生。

无论你是否擅长说话，这种话术对你都有效果。只要熟练掌握"从对话的舞台上下来，让对方说90%的话"的方法，对方就会感激你并努力为你办事。总之，你的工作、金钱、人际关系、恋爱、人生……方方面面都会受益。

现代社会，除了面对面的对话，电话和线上对话也逐渐增多。"99%从不吃亏的说话方式"的秘诀——"让对方说90%的话，使对方心情愉悦"，对于线上聊天也十分有效。

如果您能一边享受本书的内容，一边将这个方法付诸实践的话，我会感到很高兴的。我将自己的人生突然发生大逆转的故事加进来，就是打心底希望读到这本书的各位能变得更加幸福，笑口常开。

新井庆一

第1章
chapter 1

为什么不能说"自己的事"?

**01 不善于沟通的人不是"说话方式不好",
而是"自我认同感低"**

如果能增强自我认同感,沟通自然会变得顺畅 / 002
人生就像鬼屋,开了灯就不可怕了 / 007

02 别人只会看见"你是否在认真听"

人类会对"能听自己说话的人"感兴趣 / 010
别人对你说的话毫无兴趣 / 012
人只会关注对方是否在认真听自己说话 / 012

03 在对方说完之前,不要说自己的话

比起关注自己,"全心全意去听对方说话",更轻松有利 / 014

04 你以为对方在听你说话,那你就输了

很少有人会真正认真听别人说话 / 016

05 为什么自认为"能说会道"的人更危险?

不怎么说话的人为什么反而会被说"讲得很有趣"? / 019

06 你是敢于站在舞台上的人,还是在观众席打聚光灯的人?

从舞台上下来,给对方打光的人是最能得到好处的 / 023

第 2 章
chapter 2

对话中受益的人和吃亏的人

01 明明"很能干",但栽在说话方式上的人

善于指挥别人的人,不会对对方抱有"过多的期待" / 026

人总是会逃避那些对他期望过高、想要控制他的人 / 027

02 称赞优点,忽略缺点

容易和人比较并感到自卑的人,绝对不要把焦点放在自己身上 / 031

03 放弃"非教不可"的想法

直接"教",不如询问对方"哪里不懂" / 035

04 自我认同感低的人,要从认真附和对方开始

满足了对方的自我认同感,对自己的认同感也会增强 / 039

05 想要贯彻自己的主张时,首先听清楚对方的"真正目的"

如果对方知道自己能帮他实现心愿,那么你提什么要求对方都会说"好" / 043

06 先说自己的人反而吃亏

正因为是销售员,所以不能主动说自己的产品 / 047

第 3 章
chapter 3

先学学喝彩吧

01 面对难以应付的人，默认对方有苦衷

掌握了"99%从不吃亏的说话方式"，你会变得喜爱自己 / 052
当你和难以应付的人说话的时候，请默认他有苦衷 / 053

02 擅长对话的人，无一例外都善于喝彩

只有善于"喝彩"，对话才能向前推进 / 055
屡试不爽的"啊、哈、嗯、唉、哦"法则 / 056

03 配合对方的语速，调整附和的语速

对说话滔滔不绝的人，要有节奏地附和；对说话慢条斯理的人，
要有停顿地附和 / 061

04 只要原原本本地重复对方的话，就会让对方产生快感

让很多人失败的陷阱是什么？ / 065

**05 "啊、哈、嗯、唉、哦"法则和"鹦鹉学舌"法则组合使用，
别让对话中断**

对方说话过程中，不要"鹦鹉学舌" / 071

06 不必解决他人的烦恼，不必给出建议

面对和你谈烦恼的人，只要用"鹦鹉学舌"法则，对方就会
自己得出结论 / 074

07 激起对方的自尊心:"这我还是第一次听说"

比"欺骗"的威力更惊人的词语 / 079

08 表示对方很有魅力:"超有趣的"

将自己真的觉得"很有趣"的想法传达给对方 / 083

09 对没什么可夸的人,就夸他们性格好

没什么可夸的人,是不存在的 / 087

10 赞美对方的外表或者物品,夸对方品位好

"真棒!"这句话有能让对方心情变好的威力 / 091
发现对方的"变化"并予以赞扬,效果翻倍 / 093

11 赞美对名人和高位者效果显著的原因

越是有名有地位的人,越不会听我们说话 / 096

12 雷打不动的"横轴思维"和"纵轴思维"法则

不用"纵轴思维"而用"横轴思维",就不会和别人攀比了 / 099

13 关于价值观的话题,一定要记下来告诉对方

人会对那些使他觉察到自己价值观的人,抱有绝对的好感 / 104

第4章
chapter 4

有了反应，对话就会变得热烈

01 人会对那些反应强烈的人说话
   反应夸张一点儿刚刚好 / 110

02 后仰反应：让对方知道自己说的话有多厉害
   人有用目光追随移动物体的习性 / 113

03 为了进入对方的视线，随声附和时的"脖子可移动范围3倍"法则
   随声附和时移动范围小，就等于没有进入对方的视线 / 117

04 说话时略显夸张地将嘴角上扬，也许会有好事发生
   靠这个表情，你也可以发财 / 121

05 震惊时，使用有效的"瞠目反应"
   搭配万能附和句来使用，效果翻倍 / 123

06 最能带给说话人勇气的"3倍笑容模式"
   在各种反应之中，"笑容"可以称得上"王者"了，多笑笑吧 / 125

07 让受欢迎的人气讲师成为自己客户的方法
   不是问"自己想问的问题"，而是要问"讲师想让你问的问题" / 127

第5章
chapter 5

百分之百神奇提问术：
引出对方想听到的问题

01 这个提问能轻松扩展话题

让"99%从不吃亏的说话方式"效果更佳的"提问方式" / 132

"4S提问"让你和第一次见面的人轻松交谈 / 133

表示"对你有兴趣"的问题——"工作"和"爱好" / 136

02 "4S提问"不太适用的时候，可以横向转移问题，来试探对方的感情

03 即使是自己很了解的话题，也要装作不知道的样子来倾听

纵向延伸话题，可使用"5W1H"来提问 / 143

第6章
chapter 6

实践"99%从不吃亏的说话方式"

01 "99%从不吃亏的说话方式"的成功模型和失败模型

在话术上受益的人和吃亏的人，差别就在这里 / 148

目录

02 对易怒的人用"鹦鹉学舌"法则,会让他们意识到自己的无理

为什么用"鹦鹉学舌"法则能让对方意识到自己的无理呢? / 152

03 与部下或学生说话时,不要插入自己的意见

人们不是因为接受他人说的话,而是因为接受自己说的话,才去行动的 / 156

04 与潜在客户交流时,请暂时忘掉推销的工作

以"4S提问"开始,请把精力集中在聊得起劲儿的事情上 / 161

05 接待客户时,用"5W1H"提问,引出客户未察觉的需求

客户很少能意识到自己真实的需求 / 167

06 在研讨会或交流会上,不要刻意展示自己

在大家都想展示自己的场合,"从舞台上下来"的人更耀眼 / 170

07 掌握了"99%从不吃亏的说话方式",为什么会这么受欢迎?

人都会喜欢能认真听自己说话的人 / 173

08 不必多言也能给人留下印象的"自我介绍"方法

60秒的自我介绍刚刚好 / 176

人生会发生好转的原因——掌握了"99%从不吃亏的说话方式"/ 181

第1章

为什么不能说"自己的事"?

01

不善于沟通的人不是"说话方式不好",而是"自我认同感低"

如果能增强自我认同感,沟通自然会变得顺畅

在进入具体的话题之前,大家会在意:

① "99%从不吃亏的说话方式"是怎么诞生的?

② 掌握了"99%从不吃亏的说话方式"之后,会有什么好事发生?

首先,从我的个人资料说起吧。

【十几岁时】只有一个朋友,极度害怕与人交流

【二十几岁时】是自暴自弃的啃老族

【三十几岁时】是公司里的"废柴"员工

第1章
为什么不能说"自己的事"?

【四十几岁时】成为幸福的社长

哈哈,怎么样,有一种相当糟糕的感觉吧?

我今年46岁,直到40岁,我的人生都过得糟糕透顶。

我曾认为我这糟糕的人生经历,有90%是我极度认生、不善言辞造成的。

如今,当我对初次见面的人说"我以前很认生"的时候,他们会说"啊,现在不会了吧",然后就轻描淡写地过去了。但40岁以前,我认生的程度是非常严重的。

例如,我在大学的时候以"去了学校要见人很麻烦"为借口,不去上课,每天窝在房间里,玩游戏、看漫画。

我有两次试着去做客户接待类的兼职,但两次都由于沟通的原因,在第一天就被"炒鱿鱼"了。无奈之下,我只能做一些不必与人说话的兼职工作,挣点儿小钱。

现在回想起来,我认为自己的问题不是"说话方式"不好,而是自我认同感太低。然而,当时我一直觉得一切都是我的"说话方式"的缘故。

对那时的我来说，和人见面说话，就像走在路上突然碰到怪物一样可怕。那是一段战战兢兢的时期。

小时候，我一直觉得大人们都想对我说："我该怎么对付这家伙呢？"

"这家伙最没用的就是这一点了吧。"我成了大人之后，甚至有这样的想法："这人一定觉得我没用，在心里叹气吧。""如果我和这个人说话，就会暴露我是个毫无可取之处的人。别人或许会想'这家伙是怎么回事'。"

现在想来，自我意识过重也有好处，但当时我觉得自己这种内向的性格就是万恶之源。

对于我这样性格的人来说，进公司就如同过鬼门关一般。序言里我也简略提到了刚毕业进入公司时，因为过于害怕与人见面交谈，以致无法完成正常销售工作，一年下来拿下的合同只有第一个月的那三份。

接下来的11个月里，因为害怕见人，我每天吃过早餐后，就通过打弹子机来消磨时间。

一年后公司领导对我说："你不用来上班了。"自从

第1章
为什么不能说"自己的事"?

被公司裁掉后,我就宅在家里,沉迷游戏,成了"啃老族",后来又跑到女朋友家里,过着咸鱼一样的生活。

有一天,我朋友的爸爸看不下去了,介绍我去做一份深夜配送的兼职工作,也就是所谓的分货员。

这对我来说就是一份天堂般的工作,既不用和谁说话,又可以在任务比较少的时候以极短的时间完成工作,之后只要在休息室里打发时间就好,这真是太爽了。

聚集在这里打工的人也都是些特别奇怪的人。比如做什么工作都会在短时间内被开除的男人;虽然很年轻但因生病而毫无干劲儿的青年;得了"赌博依赖症"的大学毕业生;原来兼职做保安但被开除了的大叔,等等。当然,碍于面子,大家也没法聊得很起劲,下班时间一到,就都回家了。在这种环境下,我过着昼夜颠倒的生活,完全没有玩得来的朋友。

然而,那时我有种直觉,在这里待久了会不妙,于是我下定决心换份工作,决定到一家家具店上班。但是,我在这里依然苦于无法与人顺畅交流,只能再一次考虑换工作。

"差不多该辞职了吧……"就在我这么想的时候，我妈妈的朋友给我介绍了一份某公司工程部的工作。如果进入了那家公司，我就要做编程的工作了，但我原来是文科生，完全没有编程的相关知识和经验。

不过，"这是一份完全不用和别人讲话的工作"——我说服了自己，决定进入那家公司。"既然完全不用和别人说话，那么我就努力学好编程吧！"

下定决心后，我在入职之前，恶补了与编程有关的知识。

现在想来，虽然我当初也觉得搞错了努力的方向，但对我来说"不必和人对话"这一点更加重要。

如果工作内容没有变动，我能在那家公司待上十几年。

我几乎没有必要和人说话，只需要默默对着电脑就好，这很符合我的性格。

但是，我微小的幸福并没有维持下去。这家公司"不小心"招了我这么个编程门外汉，意识到这件事之后，公司已陷入了业绩不振的局面，于是决定将我调到

第1章
为什么不能说"自己的事"？

销售部门。没错，和我刚毕业就被裁员的那份工作一样，我绕了一圈又回到了销售部门。抱着这种想法的我，因为工作调动而陷入了抑郁的状态。

在那段抑郁的日子里，我迎来了人生的一大转机——我在街上偶遇了之前一起做分货工作的一位前辈。

人生就像鬼屋，开了灯就不可怕了

那位前辈叫川野，最初他和我搭话的时候，我完全没认出这个人是谁。与其说认不得，不如说眼前的川野已和我记忆中的川野完全不同了。我记忆中的川野，是个落魄的大叔。在那些不说话的同事中，他是最不起眼的，或者说是最颓丧的。然而——"哎，新井！"那个和我搭话的人神采奕奕，令我难以相信他就是川野。

"川野，现在在做什么呢？""在做理财师呀。"他说。

我的脑海中充满了问号，终于问道："理财师是什么？"然后，川野问我："小新井也要试一试理财吗？"

就这样，对川野的改变感到震惊的我，虽然不了解理财是什么，但还是决定试试他的理财产品。

两天后，我去了川野指定的诺伯特甲子园酒店（现在的甲子园休伊特酒店）。这是我人生中第一次进入酒店的大堂，内心十分兴奋和不安。川野对那个处于极度紧张状态下的我，说了一番令我至今难忘的话。

"小新井现在就像在走夜路一样吧！但是，因为有街灯照明，走夜路也不可怕。要是能看得清，就轻松许多了。鬼屋那玩意儿也是这样，看清楚了，就是几个大学生在打工嘛。"

我大受震撼。

原来如此，是我自己吓自己嘛。我所害怕的并不是真的怪物，也许只是个鬼屋而已。

让我震惊的只有这一番话，之后的对话就没有任何关于金钱的建议了。

但不可思议的是，我居然没有觉得自己被骗了。因为他为我展示了"一个最颓丧的人也能发生翻天覆地的变化"。我也萌生了一种没来由的自信。我即刻拜托川

第1章
为什么不能说"自己的事"?

野:"请你教我这个环节要怎么做。"

接下来,我以每月两次的频率去与川野对谈。但对谈之中,他依然没有给我什么特别的建议。只不过,他总是热情地听我说话,不管我说什么他都会诚恳地附和我。而且,他会在我说话的时候对我说:"真棒啊,小新井!"

我原本害怕说话,但到最后我和川野聊了自己过去的事、关于家庭的想法、现在的感受,等等,我渐渐变得能够侃侃而谈。

川野在认真听我说话,这让我有一种"活着"的感觉。

回想一下,"99%从不吃亏的说话方式"或许就是在与川野的对话中被培养起来的。

02

别人只会看见"你是否在认真听"

人类会对"能听自己说话的人"感兴趣

虽说如此，但人生并不是这么简单。公司调职后，我在销售岗位上，过得更加艰苦。

在做编程时我几乎不用跟其他同事进行交流，如今我不得不与人交流，因为过于小心谨慎，我都快要发疯了。后来，我得了抑郁症，并且被停职。

我原以为和川野的相遇能让我顺畅地与人说上几句话，但我的人生并不乐观。在停职期间，我决定一边接受治疗，一边学习心理咨询。有朝一日我要辞了销售的工作，走向独立。这就是我生活的希望。

第1章
为什么不能说"自己的事"?

停职期结束后,我以此为契机做了决断,要当个自由职业者。话虽然这么说,但这样做的真正原因是,我没法再休假,只好去做自由职业者了。

然而,这个决断是草率的。

我原来不善言辞又认生,就算做了自由职业者,也不会突然变好。还不如说,比起做公司职员,我现在必须自我推销,这反而更难了。

自由职业的世界,"无法推销自己"就等于"慢性自杀"。我拼命阅读教人话术的书,参加相关讲座。但这些努力没有任何效果,我自己都觉得可笑。

在持续的困境中,我有一次意识到了"偶然"(似乎我走哪条路都会失败)这种东西。

因为我是一个百分之百会走错路的人,所以我决定转变思路。

反正我的人生一直都这么失败,尝试一下那些自己觉得最好别做的事,又会怎样呢?

于是我有了一个想法:读一读那些至今为止我还未涉猎过的各类型的书籍。

我从书店里买了一些商业类书籍。读了这些书，我的人生发生了巨大的转变。

别人对你说的话毫无兴趣

什么？骗人的吧——

我到现在还记得当初大受冲击的感觉，就像在寒冬被瀑布冲刷，又像被闪电贯穿了全身一样——这句话简直令人难以置信。而且，书里接下来的内容，给了我更大的冲击。

人只会关注对方是否在认真听自己说话

不会吧？告诉我，这是骗人的吧——

一直以来我都觉得，在交谈中，对方会听我说的话并做出评判。我一直相信别人一边听我说话，一边在评判着："新井是个能干的男人吗？""他有干劲儿吗？""他是个认真的大人吗？"书里居然说别人完全

第1章
为什么不能说"自己的事"?

没在听我说话!我惊呆了。

我出来工作的这十几年算什么……对方对我说的话一分一毫的兴趣也没有,我却一直在意别人会怎么想我,这对我的人生无疑是当头一棒。我真是小丑之中的小丑……是个大大的小丑啊……

但是,在这么想的一瞬间,我如释重负。

如果这是真的话,我就轻松了。因为没有人会听我在说什么,所以我用不着自己拼命说啊!

从想通了的那一刻起,我的人生就像坐上了云霄飞车,开始快速上升。

03

在对方说完之前,不要说自己的话

比起关注自己,"全心全意去听对方说话",更轻松有利

我知道了人类是一种对他人的话毫无兴趣,只想让他人听自己说话的生物。在这个基础上,我要超越"听"这一层级,专心去掌握"全心全意地听对方说话"的技术。"主动把对话的舞台让给对方,聚焦对方,自己来倾听",这也是我所掌握的一门技术。

我给自己定下一个规矩:在对方说完之前,要保持深度倾听,绝对不要说自己的话。

而且,那是我第一次发现我"不善言辞"的性格是

第1章
为什么不能说"自己的事"?

有用的。与其自己说话,不如把焦点放在对方身上,自己全力倾听,这对我来说是一件轻松的事。我费尽心思去讲话的时候,完全吸引不到听众,可当我决定"不讲话"的时候,慕名而来的人却一个接一个。从前我觉得"我说的话极其无聊""我说了也没用",于是回避与人对话。现在想来,那真是毫无意义。

04

你以为对方在听你说话,那你就输了

很少有人会真正认真听别人说话

自从知道了对话的秘诀,我就开始观察能见到的所有人,并且发现了一个非常有趣的现象。一言以蔽之,就是"很少有人会真正认真听别人说话"。

也许会有人说:"哪有这样的事,我会听别人说话的。"

但是,据我观察,真正认真听别人说话的人,100人之中有一个,不,差不多1000人之中才有一个吧。在我所认识的人里面,只有屈指可数的几个,而且这几个人,无一例外都取得了巨大的成功。

大部分的人,乍看上去是在认真听对方说话,但脑

第1章
为什么不能说"自己的事"?

子里只想着自己要说什么或不得不说些什么。

例如，在对方正说话的时候，你是否在想这些事情："啊——这人擅长打网球呀！或许我们有共同的朋友呢，待会儿问问吧！""我也借此机会宣传一下自己吧，讲什么样的话题最能打动人呢？""要是别人把话题抛给我，该怎么办？我必须说点儿什么有趣的东西啊。"……

这样，你表面上似乎是在听别人说话，实际上并没有在听。进一步说，你虽然听着别人说话，但心里只想着"自己待会儿说点儿什么"。

无论是喜欢说话的人，还是不善言辞的人都一样。喜欢说话的人想着"自己想到的话题要说哪个才能使对话更热烈"，不善言辞的人只顾着考虑"话头抛过来时怎么接"的问题。因此，我说："很少有人会真正认真听别人说话。"更准确地说，人基本上只会听那些自己想听的话。

因此，认真听对方说话的人就会像神明一样熠熠生辉。

非情绪化沟通

心不在焉的人 VS 拼命自说自话的人

说说这一届英国网球公开赛的看点吧……

网球吗？说不定我们有共同的朋友呢！

网球运动中球拍的重要性……

也许他能给我介绍个男生呢。

啊——

我要说点儿什么呢？

一个人表面上在听别人说话，但其实并没有

05

为什么自认为"能说会道"的人更危险?

不怎么说话的人为什么反而会被说"讲得很有趣"?

全心全意地听对方说话,别人会怎样将你视若神明?我给各位讲一段小插曲吧。

一次,我的学生带着一位女性过来,我们姑且把她叫作O小姐吧。当时O小姐已经快40岁了。

她说:"我到现在还没有和男性交往过。新井老师,您有什么办法吗?"我跟她交谈后,马上发现了她一直没谈恋爱的原因——自我主张太强了。

或者说,她是那种"说得太多的人"。

我的方法不是给出具体的建议，而是让对方复述她说过的话。因此，当她问出"你认为我没谈恋爱的原因是什么？"的时候，她就会自己回答"是因为我话说得太多""大概是我的自我主张太强了"。

两个月的对谈结束时，我给她的反馈是"注意一下别说太多"。最后，她自己定下了具体的努力目标。她向我宣告，她要"把一直以来自己占说话时间的比例从9∶1调整为1∶9。对话的90%时间用于倾听对方"。又过了两个月，她说自己已经被两位男性求婚了。

竟有两位！而且她说的不是"交往"，而是"被求婚"。

没想到吧？作为给过她意见的人，我也感到大吃一惊。然而，现在再听她说话，果然并无特别之处，只是调整了说话的比例而已。她只是意识到了要把9∶1调整为1∶9而已。这正是：**从对话的舞台上下来，让对**

第1章
为什么不能说"自己的事"?

方成为焦点。仅仅就是这一点改变,让30多年都没谈过恋爱的她,在短短两个月内就被两位男性求婚。我这时才深切意识到,"倾听对方"是多么重要的事。

不过说实话,我认为她说话占比恐怕不止一成,尽管她有很强的这种意识,但双方说话的比例大概还是5∶5或者4∶6。即便如此,她还是改变了自己的人生。

说到这里,我再介绍另外一个人的事例吧。

这是一位40岁的女性,不得已做了自由职业者。她对我说,听了我的话术研讨会几个月后,她思前想后做出了一个决定:带着孩子离婚。

"多亏了新井老师,我终于离婚了。"

"什么?离婚了?"

最初我也感到惊讶。

"我一直没和丈夫离婚,只是长期分居,就是因为考虑到日后的生活和孩子的抚养费问题。"她这么说。

但是,她尝试了"99%从不吃亏的说话方式"

之后，接二连三地收到了男性的约会邀请。最近，不仅来自男性的邀约增加了，而且她的工作伙伴也纷纷对她表示"你是值得信赖的"，工作机会也多了起来。

"这样的话，我就算离婚，也不怕找不到再婚对象。最重要的是，我不用担心找不到工作。"她笑着把离婚协议摆在了丈夫面前。

她和O小姐一样，都属于"说得太多"的一类人。她们很擅长把气氛搞热，渐渐地，自己就成了对话的主角，和交谈对象一同登上了舞台。但是她说，在她将舞台让给对方后，对方反而会称赞："××小姐，你讲得真有意思。"同理，正因为她不再一味诉说自己的主张，才会有越来越多的工作伙伴认为"××小姐是信得过的"。

06

你是敢于站在舞台上的人，还是在观众席打聚光灯的人？

从舞台上下来，给对方打光的人是最能得到好处的

我之前说过，99%的人根本不听别人说话，而是总想着自己要说什么。

这种状态就好像大家抢着到舞台上说台词似的。

但是，我们试想一下，如果大家都跑到舞台上讲自己的事，那么还有谁来欣赏你们的演说呢？还有谁来给舞台上的人打灯光呢？

一方面，每个人都想说话，或者都觉得不得不说；另一方面，我们也需要想想谁来做观众、谁来打聚光灯的问题。如果由你来担任这样的角色——一个从观众席往舞台上打聚光灯的角色，会是什么结果呢？

没错，舞台上的演员们都会向观众席上的你努力展示他们的演技。正因为有很多人想要登上舞台，所以那些主动走下舞台、把灯光聚焦在演员身上的灯光师才会脱颖而出。

而且，依我所见，想要站上舞台的人占了绝大多数，怎么说也有90%之多。既然如此，那么你反其道而行之，去做那10%的人，又会怎么样呢？

人们会对那些为自己打光的人说体己话，会喜欢这些人，而且会对他们怀有感恩之心。

这在心理学上叫作"回报性原理"。换句话说，你越是抬高对方，让他发光发热，对方越容易给你一个很高的评价。

明明自己没做什么，为什么会得到好处呢？

这就是"99%从不吃亏的说话方式"的精髓所在。

第2章

对话中受益的人和吃亏的人

01

明明"很能干",但栽在说话方式上的人

善于指挥别人的人,不会对对方抱有"过多的期待"

什么样的说话方式会让人受益,什么样的说话方式会让人吃亏?下面我会穿插一些事例来一一介绍。

不善言辞的人,大多数都会觉得"自己在交谈中很吃亏",用了本书介绍的技巧,就会渐渐好起来。相比之下,更危险的是自以为"能说会道""擅长指挥他人""很能干"的人。这样的人身处一个巨大的陷阱之中。尽管这样的人乍看起来在交谈中很占便宜,但长远来看,是有害而无利的。

不妨举我的学生小N的例子来谈一谈。

第 2 章
对话中受益的人和吃亏的人

小 N 是个特别有魄力的"超人员工"。小 N 自己十分优秀,对那些不如他的人也相当严格。

他看自己的部下总是觉得:"怎么这点儿事也做不好?"他总是责备部下:"怎么这么没用,还不如我自己来呢!"

然后,他从"没用的部下"手中接过工作,自己花大量时间加班来补做。这种状态下,小 N 的部下一直达不到他的要求。

做员工时得到好评的小 N,做了管理者以后不怎么能培养新人,公司知道了这种情况后,他渐渐被孤立,甚至到了不得不辞职的地步。而且,这时小 N 的夫人也向他提出了离婚。小 N 和我见面时,完全是身心俱疲的状态。

人总是会逃避那些对他期望过高、想要控制他的人

听了以上这番话后,小 N 像是想起来什么似的,带着一种奇妙的表情继续听我说。然后,他进行了深刻的反省。

他说，从此以后，他要"抛掉自以为是的念头、丢掉对对方的期待、把控制权让给对方"。此后的某一天，对方突然有了超乎他想象的表现。

之后，他创办了一家又一家零售公司，现在他已经大获成功，成为经营着13家公司的企业家。不仅如此，他的家庭生活也十分幸福，他再婚娶了一位非常好的妻子，还有了小孩。

像他这样"站在舞台上说个不停的人"，掌握了"99%从不吃亏的说话方式"之后，也改变了人生。

不是自己站上舞台，而是"花更多时间来倾听部下"。只需要这样，部下就会觉得"这个人很珍视我""对这个人我可以无所不谈""要为这个人努力工作"，并且越来越卖力地干活。

第2章
对话中受益的人和吃亏的人

令人受益的说话方式

别死心眼儿、丢掉对对方的期待、放开控制权

非情绪化沟通

> 自我中心是通往孤立的单程票

1. 我很能干!
2. 我很擅长指挥别人!
3. 我能说会道!

怎么这点儿事也做不好!还不如我自己来!

我跟不上呀……

我已经累了……

花点儿时间听听别人的话吧

02

称赞优点，忽略缺点

容易和人比较并感到自卑的人，绝对不要把焦点放在自己身上

"我讨厌和别人见面，因为见面总是让我感到很有压力。"对我说出这句话的人，是小F，一名40多岁的女性，她是经由客户介绍来我这里的。她说："我没有钱，又没有人脉，总是在想未来的事，然后陷入焦虑。我对周围的人也总是表现得焦躁不安，我想做个'对别人有用的人'，但却像个伪善者，十分蹩脚。"像她这样不擅长与人见面交谈的人并不少，而且，这种类型的人，往往会拿自己和他人相比，并会因此而感到不安。

实际上，我的学生小M也是这种人。

他说："我有这样一种思维惯性：和别人说话的时候，总会觉得，这个人真厉害啊，和他相比，我真是相形见绌……于是我就会感到沮丧。"他和别人比较女朋友、学历、能力、职业、金钱等，从骨子里有种强烈的自卑感。

在这种时候，"99%从不吃亏的说话方式"就要派上用场了。一个人之所以会与人攀比，是因为他和对方站到了同一个舞台上。从舞台上下来，让自己退居灯光师的位置，那种爱和别人比较的怪癖就会消除了。

我对小F和小M说："世界上没有什么了不起的人，当你拿自己和别人比较的时候，你就认定了自己比不上他。"个性本来就没有什么高下之分，只是性格不同而已，双方个性的综合分都是100分。意识到这一点以后，小F和小M开始练习关注

第2章
对话中受益的人和吃亏的人

与自己对话的人。具体来说，就是要把注意力集中在对方身上，同时称赞他的优点，忽略他的缺点。而且，要纯粹聚焦到对方身上，绝不要把焦点转向自己，去想"和××相比，我如何如何"之类的问题。

借助这个练习，小F和小M都表示，他们不再有"低人一等"的自卑感了。

最后，小F不再做派遣员工了。她现在可以一边和自己最爱的狗狗嬉戏，一边悠闲地赚钱，这令我十分惊讶。小M也一样。他对我说："厉害的人确实存在，但我也可以觉得自己很棒。多亏了您，我现在无论在多伟大的人面前，都能自如地与他交谈了。不仅如此，我还自信能用我独特的方法，让别人感到幸福。"

从与人攀比的舞台上下来，就能将"99%从不吃亏的说话方式"付诸实践。这么做的结果是，得到大家的喜爱，而自己也会有安定感。这真是有百利而无一害的方法。

非情绪化沟通

令人受益的
说话方式

将焦点放在对方身上，绝对不要转向自己

03

放弃"非教不可"的想法

直接"教",不如询问对方"哪里不懂"

一位50多岁的数学老师K先生,在上我的课之前,都是带着直接"教"的想法来教学生的:"我不讲不行啊……""我得让他们理解呀……"

他说,让学生理解公式、拿到分数就是他的目标。之前,学生来问他问题时,他就会自己动手来教学生,比如"你要注意这里""像这样列式""像这样计算"等。

但是,用这种方法来教学生,学生最初以为"原来如此,我懂了",然后高兴地回去了,但遇到新的问题时,觉得"还是不懂",于是又一次来问老师。经过几次挫败之后,很多学生就会渐渐失去积极性,并且想要放弃。

我对K先生说:"请不要给他们讲授方法,而要引导他们自己思考。"

从那以后,K先生不再自己直接"教",而是去问学生"哪里不懂"。具体来说,就是让学生搞清楚自己"理解的部分"和"不理解的部分"的界限。然后,只需要适当回应,给点儿小提示,学生就能自己把问题解开。

K先生说,现在他不是"教"数学,而是带着"想用数学来传达什么"的观点在探讨问题。如果只等老师来教,那学生永远也没法自己解决问题。但孩子自己的思考,会成为他的力量。比起以前,他现在能把数学老师这份工作做得更有意义了。这对我来说也是令人欣慰的消息。

第2章
对话中受益的人和吃亏的人

令人受益的
说话方式

不要直接『教』别人，
要引导他们自己去『思考』

别再指手画脚了

我明明费了这么多功夫教你……

"我得把你教会!"

这里要这么做……

我知道了!

次日

啊?昨天才教过你的……

但我还是不懂……

现在几乎毫不费力!

"让学生自己思考"

老师,我不明白……

是吗?你哪里不明白呢?

我们一起来想想吧。

次日

我做出来啦!

那真是太好了!

04

自我认同感低的人,要从认真附和对方开始

满足了对方的自我认同感,对自己的认同感也会增强

H小姐是一个自我认同感低、与人交流困难的女性。

她不擅长坦率地表达自己的感情,在对话中总是对对方有过多的要求。H小姐的压力主要来自她的丈夫。她认为照顾三个孩子、打理家务都是她一手包办的,丈夫理应对她多些肯定,可丈夫连一句感谢的话也不说,这让她无名火起。

归根结底是她自我认同感低的缘故。如果对自己没有自信的话,得到他人认可的欲求就会爆

发……她的丈夫没有给出她想要的答复,她马上就变得焦躁不安,并且表现出来。结果使对方感到不快,从而陷入无法沟通的恶性循环。因此,我建议她:"想让丈夫听自己的意见,那就先听听对方的意见吧。"

例如,以前她与丈夫的对话可能是:

"今天这么晚下班,累死我了!"

"我才更累呢,你就不能早点儿回来吗?"

现在,她换种了回应方式,附和丈夫道:"是呀,辛苦你了!""真不容易啊!"

于是丈夫回应道:"你也不容易,要洗的东西就交给我吧。"由于丈夫的自我认同感得到满足,他就能以一种更宽和的态度对待H小姐了。

从此以后,他们两人能好好聊下去了。一度要与丈夫离婚的她,改善了和丈夫的关系,甚至能全家一起去旅行了。

使用"99%从不吃亏的说话方式",认真倾听对方

第2章
对话中受益的人和吃亏的人

的话,对方的自我认同感会得到增强。结果就是,对方想要回报你,因此听者的自我认同感也会得到增强。这就是事半功倍的对话技巧——"99%从不吃亏的说话方式"。

令人受益的说话方式

增强对方的自我认同感,他就会对你产生感恩之心

非情绪化沟通

倾听对方小牢骚，接茬搭腔极有效

05

想要贯彻自己的主张时，首先听清楚对方的"真正目的"

如果对方知道自己能帮他实现心愿，那么你提什么要求对方都会说"好"

40多岁的T小姐，自从创业以来，帮别人接洽了不少生意，但一直都没有酬金的决定权，每次都是对方提出给多少报酬，她就拿多少。像这样因为没法清晰表达自己主张而吃亏的人，应该不在少数。她就是那种总被妈妈的朋友或是私交塞来麻烦事的人。

T小姐一直以来都是公司职员，因此她不知道要怎么给自己的工作定价。于是我建议她："倾听时要为了对方的人生着想,定价时也要为了对方的人生着想。"

从此以后,她改变了说话的方式,尽管她自己没有主动提出来,但越来越多的人对她说:"因为我们想把这件事交给您来做,所以就按您的意愿来定价吧。"很多人以为"问题在于自己没法表达主张",但是,**如果真的想要贯彻自己的主张,最好的办法就是倾听对方的意见。**

这是有原因的。

首先,认真倾听对方的意见,就能了解这个人出于何种目的把这项工作委托给你。

其次,如果表示自己能帮对方达成目的,那么无论花多少钱,对方都会觉得很便宜。

最后,酬金或是服务的内容,都能由你自己来决定。

T小姐的情况就是,她越是倾听对方的话,对方越愿意和她合作。至今为止,她的酬金从未低过预期值,并一直与对方保持着合作。

第2章
对话中受益的人和吃亏的人

令人受益的
说话方式

听出对方的真正目的,并对其目的表示支持

非情绪化沟通

认真倾听，你的要求就能得到满足

啊，他的"目的"原来是这个……

原来如此……

来年的目标是……

我的梦想是……

我想做的事是……

我喜欢的是……

T 小姐

你的梦想一定会实现的，我们一起努力吧！

哇，我太高兴了，就按照 T 小姐想要的价钱来办吧，拜托你了！

06 先说自己的人反而吃亏

正因为是销售员,所以不能主动说自己的产品

L小姐是一位30多岁的保险营业员。从前,她卖保险的时候,没有充分了解顾客的需求,一上来就拼命推销自己的产品。她试图控制对方,给顾客带来了压力。像L小姐这样,自己抢先说的人,反而吃亏。为什么呢?我在前文多次提到,人们对别人说的话是完全没有兴趣的。因此,自说自话的L小姐不但得不到顾客的信任,而且还会与顾客越走越远。

我向L小姐提出建议:"在对方没有问起之

前，别提自己或是自己的产品，请倾听对方的人生理想。"

从那以后，她的业绩飞速地往上涨，短短半年就成了大阪分公司的总裁，收入增加了10倍。她的改变就是自己尽量少说，让对方来说，仅此而已。只考虑自己的人，是会吃亏的。

了解了"99%从不吃亏的说话方式"之后，L小姐不仅收入增加了，而且对事物的思考方式、对人生的态度也发生了180度的转变。最后，不仅她自己，而且她周围的人都变得更加开朗，一切都发生了巨大的改变。

"99%从不吃亏的说话方式"可以改变一个人，也可以改变他周围的人。

第2章
对话中受益的人和吃亏的人

令人受益的说话方式

在对方没有问起之前,别提自己或是自己的产品,请倾听对方的人生理想。

第3章

先学学喝彩吧

01

面对难以应付的人，默认对方有苦衷

掌握了"99%从不吃亏的说话方式"，你会变得喜爱自己

正如第2章所介绍的，"99%从不吃亏的说话方式"所改变的不只是让你的交流更加顺畅、对话更加活跃这些表面上的东西，还让许多人因此提升了业绩，遇到了良人。

最重要，同时也是最令我感到高兴的是，这些人无一例外，都更喜爱自己、活得更自信了。

人生没有什么是比喜爱自己、活出自信更幸福的了。这样的人，看上去就光芒四射，因为他们光彩照

第3章
先学学喝彩吧

人,所以被很多人喜爱,无论是工作、人际交往还是恋爱,都会很顺利。

进入了这个螺旋式上升的良性循环,不仅好事接连发生,而且内心也会感到安定——简直就是"人生巅峰"的状态。

这就是"99%从不吃亏的说话方式"的最终目标。

当你和难以应付的人说话的时候,请默认他有苦衷

现在我来讲一下,要掌握"99%从不吃亏的说话方式"必不可少的重要技巧,那就是——当你和难缠的人说话的时候,请默认他有苦衷。

具体来说,请你把眼前的人想象成有苦衷的模样。关键的一点,你要尽可能地把他想象得更值得同情。

这个准备动作,对于掌握"99%从不吃亏的说话方式"来说十分重要。为什么呢?因为这能帮助你找到作为一名听众,"从对话的舞台上下来"的状态。

"啊——这个人并不是真的难以应付,而是有苦衷。"如果带着这样的想法去听那人说话,不管他说了什么,你都会感觉那人的话无比珍贵。

当你不得不和自己难以应付的"刺头"说话时,这种方法尤其有效。

把自己难以应付的人,想象成有苦衷的人,带着这种感觉来与他交谈。这样一来,大多数事都是可以原谅的,即使是讨厌的人,你也能带着些许的爱来对待他了。

02

擅长对话的人，无一例外都善于喝彩

只有善于"喝彩"，对话才能向前推进

对话中不可欠缺的是什么？那就是回答、点头、眼神交流、表情变化、语速控制……

本书把这些统称为"喝彩"。我们试着设想一下没有喝彩的对话：无论你说了什么，对方都不回答，表情也没有变化，视线也没有移动，完全没有反应……

没有比这更令人无语的了。

也就是说，在交谈中，喝彩是非常重要的，可以说"掌握了喝彩，就控制了对话"。

反过来说，只要学会了喝彩，"99%从不吃亏的说话方式"就已经学会了一半。因为"99%从不吃亏的说话方式"的重点是，**不抢着自己说，**而是把焦点放在对方身上。能让对方心情愉快、多说些话的基础，就是喝彩。

那么事不宜迟，我们来介绍一下初学者用起来也简单方便的"喝彩"方式吧。

屡试不爽的"啊、哈、嗯、唉、哦"法则

对话中"喝彩"最基本的方式就是"附和"。

而且，你一边说着表示惊讶或有同感的话，一边随声附和，会让对方更容易推进话题，也会让对方变得更有兴致。这个技巧超级简单。所谓"随声附和"，就是说"啊、哈、嗯、唉、哦"而已。

比如说：

"最近我搬家了。"

"唉！"

第3章
先学学喝彩吧

"虽然离车站远了点儿,但自然风光好呀。"
"唉——!"
"孩子们也很享受新家的环境呢。"
"唉——!!"

这时的关键是,要身体前倾,听得十分起劲儿似的说"唉——",而且在心中要对"接下来对方要说什么"怀有期待和好奇。

"最近我搬家了。"
"唉!"(接下来你要对我说什么呢?)
"虽然离车站远了点儿,但自然风光好呀。"
"唉——!"(接下来你要对我说什么呢?)
"孩子们也很享受新家的环境呢。"
"唉——!!"(接下来你要对我说什么呢?)

"唉——"还有一个变体"哦——!"说这一句的时候,关键也是要身体前倾,表现出十分热衷的样子。

"嗯——"也是可以的，但因为"嗯"透着一丝冷静的气氛，所以初学者还是从"唉"和"哦"开始学习吧。

"哈——！"觉得好说的人可以试试这一句。

"嘿"的使用频率不太高，听到非常有意思的话时，说"嘿嘿"或者"嘿嘿嘿"也是可以的。

就是这么简单，即使是不善言辞的人也能做到。

但问题在于，当你无法忍受一味附和他人，想把话头抢过来的时候该怎么办？

"最近我搬家了。"

"唉——"（哦，是家庭的话题啊）

"虽然离车站远了点儿，但自然风光好呀。"

"唉——"（我住的地方自然风光也很好啊！）

"孩子们也很享受新家的环境呢。"

"是吧——我家也住在自然风光很好的地方，最近我和小孩一起去钓鱼了……"（最终把话头抢了过来）

这就是许多人都会做的"抢话头"行为。大多数人在听对方说话的同时，想着接下来要说什么。而且人是

第 3 章
先学学喝彩吧

一种一想到什么就忍不住要说的生物,结果,他就会放下手中的聚光灯,自己跑到舞台上来了。

当然,和朋友或者熟人随意聊天时,用不着使用这种技巧。但要达成什么目的,或是实现什么人生梦想时,还请忍耐一下,好好接话吧。

现在,人们越来越多地通过电话和网络进行交谈。在网络上,双方对话的信息量似乎变少了,因此要用比现实中更夸张的语气来附和对方。

> 令人受益的说话方式

别去想"接下来要说什么",用"啊、哈、嘿、唉、哦"法则去附和对方即可

必杀技——"啊、哈、嗯、唉、哦"附和法

> 她接下来要对我说什么呢?

> 唉——

> 我每天早上5点起床去散步。

> 哇,他在认真听我说话,真开心啊。

> 唉——

> 我最近开始养猫了。

在电话和网络聊天中反应可以更大些

令人惊讶的是,对方会讲得很开心

03

配合对方的语速，调整附和的语速

对说话滔滔不绝的人，要有节奏地附和；对说话慢条斯理的人，要有停顿地附和

正如前文所介绍的，因为90%的人听别人说话时都心不在焉，所以只要认真地附和对方，你就已经成为对话中最受益的那10%的人了。这里我将介绍让"附和"效果更佳的一个技巧——调速。这个技巧也很简单，配合"啊、哈、嗯、唉、哦"法则来使用，效果更显著。它的优势是能在短时间内抓住对方的心。

所谓"调速"，正如字面意思，就是根据对方的语速来调整自己的语速。和语速慢的人说话要用较慢的语速，和语速快的人说话要用较快的语速。这种情况下，要配合的不仅仅是说话的速度，还包括附和的速度。例如，附和一个语速较快的人大概是这样的："对啊！哦！就是啊！"要经常插入附和的语句。这样做能使对方兴致更高，更愉快地进行对话。相反，和节奏较慢的人说话，要深沉而缓慢地附和。如果带着一种"听得很仔细"的心情，郑重而缓慢地向对方点头，对方就会敞开心扉，不断地和你聊更多。

拿不同类型的音乐来打比方，也许就会更容易理解。对那些像摇滚音乐一样说个不停的人，要像这样"嗯、嗯、嗯、然后呢？"不断地做出回应。对那些说话像伤情歌曲一样的人，要等到对方有较大的停顿的时候才缓缓附和："原来如此啊——"这就是有停顿的附和。

有些原来语速较慢的女性，有时像突然打开了开关似的，声调和语速会突然提高。**语速发生改变，说明对方对这个话题很感兴趣或十分关心。**这时，要配合对方语速的变化，调整自己附和的节奏。

这种"调速"的技巧，在心理学上十分有名，我想很多人都听说过。下面我要告诉大家，在我所教的"调速"技巧中，最重要的一点就是，"真的"把对方的话听进去，并调整语速。

不管你"调速"的技术多好，如果对对方的话置若罔闻，那么对方一定会感受到的。也就是说，光掌握技巧是没有意义的。如果用了"啊、哈、嗯、唉、哦"法则或"调速"技巧，却没什么效果，那就不是对方的问题，而是听者的问题了。这时，必须回到最基础的地方。从对话的舞台上下来，认真倾听对方。只有这样，使用"啊、哈、嗯、唉、哦"法则或"调速"技巧，才能让对话的气氛更加活跃。

令人受益的
说话方式

"调速"技巧最重要的前提是
配合对方的语速

让附和效果更佳的“调速”技巧

对语速快的人要有节奏地附和

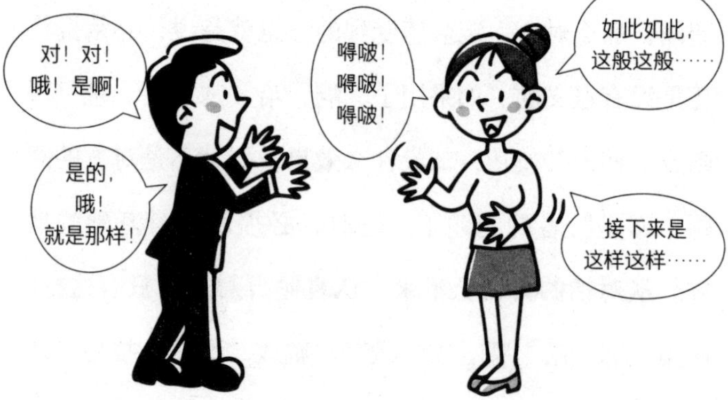

对语速慢的人要深沉而缓慢地附和

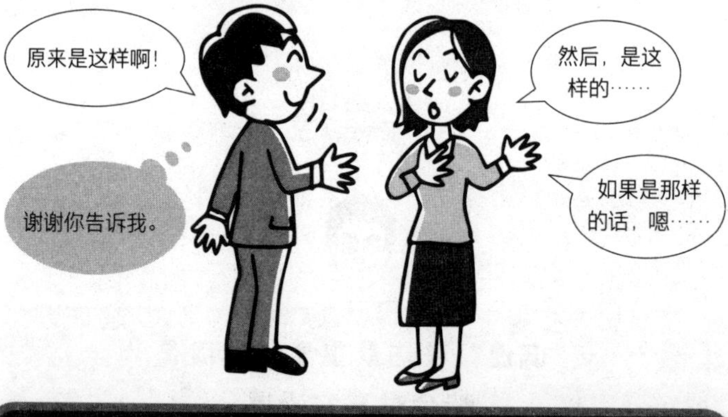

倾听时别忘了调速

04

只要原原本本地重复对方的话，
**　　就会让对方产生快感**

让很多人失败的陷阱是什么？

接下来要介绍的是"鹦鹉学舌"法则。"鹦鹉学舌"法则，是像鹦鹉学人说话一样，把对方说的话原封不动地再说一次。这个技巧也十分有名，也许有人会觉得——"什么嘛，我早就知道了"。但是，很多人知道了这个方法，却还是落入了陷阱，导致失败。那就是，在重复对方说的话之后，加入了"自己的意见或想法"。让我们来看看例子吧。

（反面例子）

交谈对象："现在的年轻人，都不来一起喝酒了。"

听众："他们都不来了吗？"

交谈对象："我给他们提了些挺不错的建议，他们连句'谢谢'也不说。我说的话他们也根本没听进去。"

听众："他们不听你的话吗？真令人伤心呢！"

交谈对象："就是啊！我也觉得很受伤。"

听众："我也这么觉得。现在的年轻人真不行啊。"

怎么样？最开始是谈话对象在发牢骚，说"现在年轻人都不来喝酒了"，最后变成了听众发表意见——"我也觉得现在的年轻人不行啊"。

也就是说，听众不知不觉就把话头抢走了。听众辛辛苦苦重复了一遍对方说的话，结果在后面加上了自己的想法，前面的努力就付诸东流了。

第3章
先学学喝彩吧

因此,要使用"鹦鹉学舌"法则,绝对不能添加自己的意见或想法。只需要给对方展现出"我已经接住你的话头"的态度就好。要怎么说比较好呢?让我们来看看例子吧。

(正面例子)

交谈对象:"现在的年轻人,都不来一起喝酒了。"

听众:"他们不来聚会了吗?"

交谈对象:"我给他们提了些挺不错的建议,他们连句'谢谢'也不说。我说的话他们也根本没听进去。"

听众:"不听话吗——"

交谈对象:"真的,跟咱们那个时代完全不同了。"

听众:"是啊,完全不同了。"

你明白了吗?听众只需要原原本本地重复对方的

话,说"年轻人不来聚会""和咱们那个时代不同"就行。不需要添加自己的意见或想法。

这种做法就是"鹦鹉学舌"的本质,结果你会发现对方真正想要说的是什么。

请铭记这一点,在使用"鹦鹉学舌"法则时,绝对不要加入自己的意见或想法。

虽然心理学上认为"鹦鹉学舌"法则对女性谈话对象效果更好,但根据我的经验,无论男女老少,都对这个方法十分受用。

下面这个例子是年轻男子间的对话。

发话者:"今天我去了涉谷!"

听话者:"你去了涉谷啊——"("鹦鹉学舌"法则)

发话者:"涉谷有很多地方在施工,真令人迷惑啊。"

听话者:"是吗?真迷惑哟。"("鹦鹉学舌"

第3章
先学学喝彩吧

法则）

　　发话者："施工不知道要搞到什么时候呢！"

　　听话者："就是，也不知道要搞到什么时候！"

（"鹦鹉学舌"法则）

　　发话者："希望能早点儿完工吧！"

　　听话者："真的，希望能早点儿完工吧！"

（"鹦鹉学舌"法则）

　　看看这段对话，还挺滑稽的吧。但不可思议的是，这样滑稽的"鹦鹉学舌"式应答，却有非常好的效果。听众明明只是重复着对方说的话，但对方却会不断向前推进话题。

　　为什么"鹦鹉学舌"法则会有这样的效果？

　　因为当一个人的情感被他人所接受的时候，他就会感到狂喜以至于进入忘我的境界。

　　用接球来打比方，会比较容易理解。在投接球的时候，如果你投出的球被对方弄到身后，在下一次投球的时候，你就会莫名担心"他能接得住吗"。

反过来说，如果你投过去的球被稳稳地接住，而且你听到了"啪"的一声脆响，这个感觉一定很爽。和人对话也一样，这个技巧就是要向对方表示"我确实把你的话听进去了"。说话人感觉自己的想法传达到了你的耳中，他也会感到十分安心，并且对你产生好感。他们会就此感到满足，觉得"这个人真是善解人意"。

就拿开头提到的那个男性来说，我们只需要接收到他"被后辈忽视的悲伤的心情"就足够了。这样，对方的情绪得到宣泄，心情也会好转。

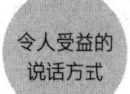

令人受益的
说话方式

人在自己的情感被他人接受时，
会欣喜若狂

05 "啊、哈、嗯、唉、哦"法则和"鹦鹉学舌"法则组合使用，别让对话中断

对方说话过程中，不要"鹦鹉学舌"

学习了"啊、哈、嗯、唉、哦"法则和"鹦鹉学舌"法则之后，我推荐大家把这两种技巧组合起来使用。例如，最初以"唉""哦""哈"来搭腔，一段时间之后，在对方一句话结束时，重复他说过的话。使用这样的技巧，就不会有打断对话的感觉，也能让对方感到"你能接得住啊""我要投下一个球过来了"。

例如以下对话。

妻:"哎,雄太他呀……"

夫:"咋了?"

妻:"这段时间他的数学考试得了90分,超过平均分了呢。"

夫:"唉——"("啊、哈、嗯、唉、哦"法则)

妻:"厉害吧!"

夫:"真厉害哦——"("鹦鹉学舌"法则)

妻:"他真的很努力啦。"

夫:"真的很努力啊!"("鹦鹉学舌"法则)

怎么样?我觉得一点儿都不难。这个简单的方法只有一个要注意的地方,那就是别在对方说话过程中插入"鹦鹉学舌"。我们举例看看。

(反面例子)

妻:"哎,雄太他呀……"

夫:"嗯。"

妻:"这段时间的数学考试……"

第3章
先学学喝彩吧

夫："数学考试……考得不好吗？"（对方说到一半插入"鹦鹉学舌"）

妻："不是啦，他的成绩超过了平均分……"

夫："超过了平均分，那就是考得好了？"

妻："哎，你先听我把话说完啊！"

这种情况虽然看似用了"鹦鹉学舌"的技巧，但其实是中途插入了自己的意见。更要命的是，他没把妻子的话听完。如果你打断了对方的话，就没法理解他的意思。因此，要使用"鹦鹉学舌"法则，一定要先听完对方的话，再把这句话重复一遍。千万别忘了哦。

令人受益的说话方式

别中途打断对方，要听到最后

06

不必解决他人的烦恼，不必给出建议

面对和你谈烦恼的人，只要用"鹦鹉学舌"法则，对方就会自己得出结论

当我教完"啊、哈、嗯、唉、哦"法则和"鹦鹉学舌"法则之后，很多人都会问：如果别人来找我商量事儿，我不给建议可以吗？

我的回答是，你不必帮别人解决烦恼，也不必给出建议。

"什么？对方说要'商量一下'，难道我要无视他吗？"

"对方想要建议，我不给建议的话岂不是太失礼

第3章
先学学喝彩吧

了？"然而，我敢说，别人的烦恼是不必解决的，你也不必给什么建议。

为什么？

这就涉及一个比较专业的话题，人都有一个特质，那就是只能做自己能意识到的事。

我平常给各种人上课，最重要的是"让本人自己得出结论"。

人呢，想要兑现自己说过的话，才会付诸行动。相反，如果不是发自内心的举动，就算一时遵从了别人的意见，也无法持之以恒。

因此，听话者无须解决说话者的烦恼，也无须给出建议。例如，朋友对你说："我想离婚！"你没有必要挽留道："离婚？还是别离了吧。"也没有必要推她一把说："你真的决定要离婚了吗？"你只需要原原本本地重复这句话："想离婚了呀。"这样就够了。

朋友："最近，和老公在一起总让我觉得痛苦得不得了。"

你:"很痛苦呀。"("鹦鹉学舌"法则)

朋友:"我甚至在考虑离婚了。"

你:"是嘛——考虑离婚啊。"("鹦鹉学舌"法则)

这样就足够了。在你重复对方说过的话时,对方自己就会意识到自己在说什么。

她会自己意识到:"原来我想离婚,甚至还对朋友说了这样的话。"然后,她就会自己做出决断。如果真的想离婚,她就会去离。如果只是说说而已,她就会去找她老公好好谈谈。

换句话说,听者光是倾听就已经完成任务了,至于该怎么办,就交给说话人自己决定吧。

但从说话人的角度看,她会觉得多亏有你热心地听她倾诉,她才能做出决断。而且,你让她意识到自己该怎么办,她会因此对你产生非常好的感情。

没有人会怨恨你,不必承担责任,你只会得到感谢。这就是"鹦鹉学舌"法则的好处。

第 3 章
先学学喝彩吧

令人受益的说话方式

对向你倾诉烦恼的人，只要倾听就已足够

非情绪化沟通

不要试图解决对方的烦恼，倾听就够了

——想离婚了吗——

很痛苦呀……

最近和老公在一起觉得好痛苦。

我都想离婚了。

……

一惊

原来如此！

原来我想离婚，还对朋友说了出来。

你能理解我，真的太好了。

别客气。

谢谢你！

07 激起对方的自尊心:"这我还是第一次听说"

比"欺骗"的威力更惊人的词语

我所提倡的"99%从不吃亏的说话方式",基本上不需要向对方主张自己的意见,也不需要向对方提出建议。

但是,要完全制造出一个让对方说得开心的环境。这时最重要的就是"顺势配合"。

"顺势配合"也是很基础、很简单的。只要掌握几个固定句子,按顺序重复,接下来的话题就会越来越多。下面我就来介绍一下,无论什么场景都可以使用,绝对能让对方高兴的最简单的"附和句"吧。

那就是——"这我还是第一次听说"!

看到这里,"扑哧"一声笑出来的人,一定是想起了用过这个方法的某人吧?

这句话作为"女朋友说过最令人高兴的话",经常被女性杂志和有女性偏向的恋爱攻略书收录,是经典的杀手锏。这句话真的很有效,它有种让人一旦用了就会上瘾的威力。

因为"这我还是第一次听说"这句话包含着各种各样的意义。首先,它有种感谢的意味——"谢谢你说有趣的话题";其次,它传达了这样一种意思——"你是第一个和我讲这样有趣话题的人"。也就是说,这句话**是感谢对方、树立对方威信、激起对方自尊心,让对方想要继续说下去的一句话。**

不管是男性还是女性,听到这句话都会感到高兴。然后,他会想:"我要告诉你更多的好消息。"

我之所以这么说,是因为无论男女,听到这句话时都会露出心醉神迷的表情,所以请不必吝惜,尽情使用这句话吧。

看到这里的读者也许会担心:"这听起来有点儿像

第3章
先学学喝彩吧

在骗人吧？应该没多少第一次听说的东西吧？""难道不会让人觉得做作吗？"然而是不是也可以这么想呢？世上大多数的话，应该都是自己第一次听说。

例如，从一个从事严肃职业的人那里听到此事，可以说："这我还是第一次听说！"听你们公司的人说起某个成功案例，可以说："这我还是第一次听说！"在工作中虽然听说过，但这次是听妈妈的朋友说的，也可以说："这我还是第一次听说！"

切入点变了，无论何时何地，都可以是"第一次"。

这么想来，说"第一次"就绝不是在骗人了，因此，请大胆地将这句话说出来吧。

令人受益的说话方式

> 不要想自己这样是"做作"还是"骗人"，试着说"这我还是第一次听说"吧

最强的"附和句"

> 不会有点儿做作吗?

> 感觉像在骗人呀……

> 这我还是第一次听说呢!

> 果断!

> 骗人、做作……根本没那回事儿!

· 不必吝惜,尽情使用。

· 要带着"谢谢你对我说这么有趣的事"的感激心情来说。

· 这不是撒谎。大胆地说吧!

08

表示对方很有魅力:"超有趣的"

将自己真的觉得"很有趣"的想法传达给对方

接着刚才的"这我还是第一次听说",让对方心情愉悦地说下去的另一句"附和句"是——"超有趣的"!

在读本书的各位,现在应该大致开始有这种意识:要从对话的舞台上下来,充分关注说话人。那么,请再次想象一下自己从观众席看着舞台上说话的人。然后,把聚光灯对准对方,试着寻找说话的人哪里有趣。如果发现有趣的部分,就聚焦在那里。具体来说是这样的感觉:

管理者:"虽然我的使命是为人类做贡献,但我本来是个腹黑的人。"

你:"(这种反差)超有趣的!"

公司职员:"我虽然本职工作很忙,但是因为想学英语,所以抽空看了很多美剧。"

你:"(百忙之中还看美剧来学英语)超有趣的哦!"

家庭主妇:"那部韩剧我看到了第十季!"

你:"(大家都在工作的时候,你居然在追剧,而且看的不是日剧,是韩剧)真的超有趣!"

护士:"我去冲绳学做菜了。"

你:"(为了学做菜而去冲绳)真的超有趣呢!"

就像案例中提到的那样,即使有些牵强,也要通过自己的理解,把自己觉得有趣的地方提出来,赞扬对方。这一点很重要。

不过,也会有人发现不了有趣的部分。这时,请你想象"我现在正在攻克一款难度极高的游戏",换句话

第3章
先学学喝彩吧

说,你就是个在玩寻宝游戏的挑战者。要一字不漏地听清线索,认真地寻找宝藏。只要认真对待,一定会找到有趣的地方。然后,当你找到宝藏时,请你带着一种赞叹(你这一点很棒!)且惊喜(注意啦,那个话题超有趣!)的心情,说出这句:"超有趣的!"

> **令人受益的说话方式**
>
> 带着参加寻宝游戏的感觉,寻找对方有趣之处并赞扬他

在对方说的话里寻宝，超有趣

- 我去冲绳学做菜了。 —— 护士
- 那部韩剧我看到第十季了! —— 主妇
- 我想学英语，所以看了很多美剧。 —— 公司职员
- 我其实很腹黑哦。 —— 管理者

大家都超有趣的!

不管是什么对手，都有其有趣之处

↓

牵强也无妨，重要的是发自内心地觉得对方有趣

09

对没什么可夸的人,就夸他们性格好

没什么可夸的人,是不存在的

在我讲到"附和句"的时候,有时会被人问:"难道没有那种讨人厌、一无是处的人吗?"

我可以断言:没有那样的人。

如果只看到对方的缺点,那是因为你戴上了有色眼镜,只能看到他消极的一面。心理学上说,如果带着偏见看待他人,你就只能接收到负面的信息。

另外,带着正面的眼光看待他人,就会源源不断地接收到正面的信息。

我总是带着"发现他人的优点"这种寻宝似的眼光

去与人接触，因此不太会看到别人坏的一面。在寻宝的过程中，即使偶尔掉进陷阱，我也只会觉得无所谓。我这么说，有人可能会觉得我"性格很好，很有魅力"，其实不是这样的。这是我思考了"如何让自己更容易开心、感恩、幸福"而想出来的方法。接下来肯定会有人问我："如果你不看别人坏的一面，不会被骗吗？"

确实，光是看别人优点、无论什么都说"是是是""好好好"的人，看上去就感觉好骗。但正相反。**人们对无条件信任自己的人，是不会背叛的。**因为人会有这样的心理：别人称赞你"是个好人""很棒"的时候，你可能会想知道他为什么觉得你很棒，并且想要更多的赞美。因此，就算这人真的很腹黑，如果你一片真心地对他说"嗯嗯！""这我还是第一次听说！""真的很棒！"，他也会以"你所赞赏的"来对待你。

我的一个学生，还用这个方法击退了利用职权骚扰她的上司。会利用职权骚扰下属的上司，并不是对谁都骚扰的，他可能对小A很严厉，却格外优待小B。

人的性格并不是单一的，也就是说，如果你能把关

第3章
先学学喝彩吧

注点放在对方的"良好品质"上,他(对你)就永远是个好人。因为人们会想要好好对待那些认可自己的人。所以,请大家尝试带着寻宝的眼光去发现那些自己觉得很难对付的、毫无优点的人吧。说不定你会意外地发现他们身上藏着巨大的"宝藏"呢。

> 令人受益的说话方式
>
> 承认并夸奖对方的优点,会让对方将好的一面展现给你

非情绪化沟通

> 关注和夸赞对方的优点，会让你们的关系发生转变

不关注对方优点的人

- x月x日一定要给我达到这个指标！我都已经达到了。
- 又开始了……

↓

- 我不是说了吗！x月x日一定要给我达到这个指标！
- 啊……我做不来呀。
- 加油哦！

✗

对方会用讨厌的一面对你

寻找对方优点的人

- x月x日一定要给我达到这个指标！我都已经达到了。
- 你真了不起！
- 我也要加油了！

↓

- 加油哦！
- 加油哦！

○

对方会用好的一面对你

10

赞美对方的外表或者物品，夸对方品位好

"真棒！"这句话有能让对方心情变好的威力

下面我将介绍第三个"附和句"。

"真棒！"

这句话的使用方法也很简单。夸赞对方外貌中你觉得"很棒"的地方就好。例如："吉本，你的腿好长，衬衫也好看哎！""藤井，你的发型很时尚，很棒呢！"

如果觉得直接夸赞对方的外貌有点儿害羞的话，

也可以夸赞对方的随身物品:"山本,你的包包真好看!""工藤,你的靴子真好看!""久米,你的手机真棒啊!"

怎么都行,夸赞对方让你感到印象深刻的地方吧!**没有人会因为被夸赞外貌而不舒服。同样,称赞那个人的随身物品,就相当于说"你的品位真好"**。因此,这确实会让人心情变好。直接说"你的品位很好"也是很有效的。

虽然如此,但我想也有人从来没有注意过别人的外表,或者觉得称赞别人的外表难度很高。其中也有人会怕被人说"夸赞别人的方式好做作"。这样的人,首先**要练习"发现对方的闪光点"**。在和人见面的时候,练习一下发现对方身上好看的地方吧。

这也是一种寻宝,请带着"宝藏猎人"的感觉,试着做一下吧。一开始说不出来也没关系,只要坚持训练,就能慢慢地真心赞美别人了。

第 3 章
先学学喝彩吧

发现对方的"变化"并予以赞扬，效果翻倍

习惯说"真棒"以后，我们要晋级了。这是一个着眼于对方的"变化"并称赞这一变化的技巧，与夸赞外表是同一回事。

"你前几天的包很漂亮，今天的也很漂亮。"

"川北小姐，你一直都很时髦，今天的耳环也很棒啊！"

"小林，你换发型了吧？很适合你，很漂亮！"

就是这样。

这种夸奖方式的最大要点，就是把焦点放在了"变化"上。

"注意到对方的变化并说出来"，也是在向对方表达自己对对方这个人很感兴趣，正在认真观察他的行为。而且不仅是这一次，之前也曾认真留意他。因此，对方会对你产生双倍的好感，非常有效。

不过，这种技巧有一点是必不可少的，**那就是清楚地记得对方原来的外表。这相当难。**

像我这样记忆力不好的人，就完全不记得上次见面时对方穿了什么。于是我想到了一个点子：**和别人见面的时候，尽量请对方和自己拍照。**我会说："能不能和我合张照，作为这次见面的纪念呢？"**下次再要见这个人之前，就先看看之前的合照。**这样一来，对比照片就能看出"不同"，因此在见面的时候，就可以夸赞对方的"变化"了。

这里我要告诉大家一个拍照时的秘诀。和别人合照的时候，要下意识地把别人拍得好看些。例如，让对方坐在采光最好的地方，自己要站在稍前一点儿的地方，特意让自己的脸拍出来显大一些。这样的话，对方的脸看起来就会小一些，特别是女性，会对此感到非常高兴。

以上就是晋级版的技巧。因为是高级技巧，所以非常受欢迎，请一定要试试看哦。

第3章
先学学喝彩吧

令人受益的说话方式

赞美「外表」和赞美「优点」同样重要

11

赞美对名人和高位者效果显著的原因

越是有名有地位的人,越不会听我们说话

介绍完"附和句"以后,可能有人会这么说:"有名、有地位的人已经习惯了别人的赞美,我们赞美他们岂不是没有意义了吗?"我还见过一些指导性图书上说,对待名人或有地位的人要带着一丝任性的态度。但不是这么回事。

"附和句"对名人反而更有效。因为,越是有名、有地位的人,他们的头衔和成绩越是引人注目,就越少人去关注他们本身。

让我来解释一下吧。

第3章
先学学喝彩吧

确实，有名、有地位的人已经被表扬惯了。但我认为与名人或高位者接触的人之中，大多是"想攀高枝"或是"想获得机会、得到提携"的人。

因此，当名人或高位者说话的时候，听者很可能最终也站到名人所站的舞台上了。为什么会这样呢？**因为听者想要得到提携或者获取机会的念头太过强烈，就会下意识地去展示自己。也就是说，听者没在认真听对方说话。这就是名人和高位者的悲哀与孤独了。**

正因如此，名人或高位者对那些纯粹认真听他们说话的人，很容易产生好感。那些不张扬、不推销自己，认真倾听的人，对他们来说是熠熠生辉的。而且，如果你不仅是听着，还能带着"发现对方身上闪光点"的意识来对待别人，那么无论对方是名人、高位者或是别的什么人，都会很高兴的。我偶尔也有机会和名人见面交谈，越是这样的人，越孤独，所以我仔细倾听他们，并用"附和句"与他们对答，他们非常高兴。

虽然有点儿居高临下的感觉，但我并不想从名人或高位者那里得到什么，我是在倾听他们。不是"为我"而是"为人"——要带着这样的感觉来对待他们。

　　无论对方是不是名人或高位者，都要带着寻宝的眼光去发现对方的优点，并常怀一颗助人之心。结果，对方和自己都能变得快乐。

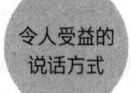

令人受益的说话方式

对方是名人或高位者时，更要从舞台上下来，赞美他们

雷打不动的"横轴思维"和"纵轴思维"法则

不用"纵轴思维"而用"横轴思维",就不会和别人攀比了

前面我们谈了如何与名人交谈,我无论面对什么名人都不会紧张,有人见了我以后这样说:"新井和了不起的人说话的时候不会紧张吗?"

读到这里的各位应该知道,我原来是个不善言辞的胆小鬼,见到了不起的人肯定是会紧张的。但当我意识到"纵轴思维和横轴思维"法则之后,就豁然开朗了。让我给大家分享一下吧。

"见到了不起的人会紧张"的人,是在纵轴的价值观下生活的人。简单来说，就是"关注自己和对方的上下关系"。这样的人会在心中给对方和自己打分，比如"因为那人只是个普通职员，所以年收入大概只有这么多吧""那家伙只是个打工仔，还差得远呢"等。

这样的人用"上下关系"来看待自己和他人的关系。一般来说，这样的人和"了不起的人"在一起的时候，就会感觉对方在上、自己在下，于是产生一种"必须尽力让自己看起来更厉害、必须多拿点儿分"的心理。在这种心理的作用下，他们的心情就会变得紧张。

然而，如果用横轴的关系来思考，会是什么样的呢？

无论是总理大臣还是学校老师，是公司职员还是有名的艺术家，如果在横轴上看，都是不分上下高低的，仅仅是不同职业、不同立场、不同角色的人而已。总理大臣有总理大臣的角色，老师、公司职员、艺术家也一样，每个人都有自己的角色。你这么想就好：**每个人只是选择了自己的位置，成了自己想要成为的人而已。**而且，如果你讨厌现在所在的位置，那就移动到横轴上别

第3章
先学学喝彩吧

的位置好了。如果像这样用横轴思维来看人，那就不会拿自己和别人作比较了。

不仅如此，"不得不成长起来""如果不向上爬"等想法也会自然地消失。也就是说，去挑战、去获得某种结果固然重要，但你会变得不再患得患失，也不会给自己打分了。于是，你就会觉得，活出自己的个性，成为自己想成为的样子，做自己想做的事就好。

我们讨论了"见到高位者会紧张的人"，与之相反，也有一些人"认为对方比自己地位低，就草率对待"。实际上，这种人可能更加趋炎附势，在对话中失败的，往往就是这类人。

例如，大家会怎样对待打扫卫生的阿姨、保安叔叔、出租车司机、打工的学生、便利店店员呢？你是否在不知不觉中，认为自己是客人，或者年纪大了，就对他们说一些粗鲁的话语，或者不打招呼呢？习惯把别人看低的人，一遇到"比自己厉害"的人，就会变得紧张。就是说，如果不再从上下角度来看待他人，就会觉得"名人也不会轻视自己"，也就不会紧张了。

因此，我在"99%从不吃亏的说话方式"研讨会中请大家向平常不怎么打招呼的人问好。训练打招呼也是有必要的。用横轴思维而不是纵轴思维看待对方，是所有交流的基础。

如果你见到了不起的人就会紧张的话，请一定要试试换一个"轴"来考虑人际关系的问题。

令人受益的
说话方式

不因对方的身份而改变自己的说话方式或态度

第3章
先学学喝彩吧

> 将纵轴思维变成横轴思维，沟通就会变得顺利

纵轴思维的人

高位者 ↕ 低位者

"政治家是90分，公司职员是50分，保洁阿姨是20分……"

↓

"请多指教！"
"啊，是……"
"好紧张……"

✗

因为认为人的地位有高低之分，所以见了高位者会紧张

横轴思维的人

"没有贵贱之分。"

"人只是成为了他想成为的样子而已。"

↓

"请多指教！"
"请多多关照！"
"这人只是选择了'政治家'这个职业而已。"

○

不用地位高低来评判他人，就不会紧张了

13

关于价值观的话题，一定要记下来告诉对方

人会对那些使他觉察到自己价值观的人，抱有绝对的好感

本章根据关键词"附和"介绍了各种说话技巧，现在终于迎来最后的项目了。

这个项目是这本书里最重要的部分，请大家打起精神来阅读。

正如本书前文所介绍的，外表的变化可以通过拍照来发现，但谈话的内容则不能用这种方法。那么，我在工作上与他人见面时，比如说见我要指导的客户时，我会把他们说的话通过笔记详细地记录下来。不仅是做笔

第 3 章
先学学喝彩吧

记,有时我还会先征得他们同意,将对话进行录音。下次见这个客户之前,我会翻看上回的笔记,重听录音,再与他见面。因为这样做可以让我挖掘出甚至连对方本人都忘记了的话题。"上次你虽然是这么说的,但已经过去三个月了,你的想法有点儿不同了呢。"我这么告诉对方,对方会喜出望外的。

当然,如果不是出于工作原因,大可不必这么做。而且,如果不是工作场合,很多情况下都不能做笔记或者录音。那么,就要努力把对方说话的内容记住——**如果不这么想的话,是绝对记不住的**。这不是记忆力的问题,而是精神、心情的问题。总之,要集中精神听对方所说的话。而且,在和对方分别以后,要即刻记下笔记。**笔记的内容,就是那个人所重视的"价值观"**,比如:"那是个觉得家庭生活比工作更重要的人""这个人认为过程比结果更重要""这个人更想自由地花钱而不是存钱"等。在对话中看出"价值观"的时候,一定要做笔记。

因为人一旦意识到自己的核心价值观并以此为基准来生活，他的人生就会过得顺风顺水。其实这也是"99%从不吃亏的说话方式"最终追求的境界。当对方谈到他们的"核心价值观"的时候，运用"啊、哈、嗯、唉、哦"法则和"鹦鹉学舌"法则，对方就会露出惊讶的神情。也有的人会突然出汗，或是瞳孔放大。那样的话，对方就一定不会离你而去了。因为能使他觉察到自己价值观的人，他绝对不会忘记，而且也会抱有绝对的好感。这十分重要，让我来整理一下。

· 从舞台上下来，倾听对方

· 加入附和句

· 对方透露出他的核心价值观

· 你复述一遍对方的价值观（进行附和）

· 对方感到惊讶

· 对方觉察到自己的价值观以后，人生变好了

· 对方对你说："谢谢你让我觉察到自己的价值观。"

· 你被对方感激

· 作为回报，对方想要为你做点儿什么

第3章
先学学喝彩吧

·作为听众的你，人生也会变好

这个无限循环一旦开始，你就会得到来自各方的感谢。而且，你只是在"听"而已，周围的人却向你聚拢，还想让你幸福。因此，在对方谈及"核心价值观"的话题时，一定要复述一遍，还要做好笔记，以免忘记。

令人受益的说话方式

听出对方所重视的价值观，并把它告诉对方，这会改变人生

第4章

有了反应，对话就会变得热烈

01

人会对那些反应强烈的人说话

反应夸张一点儿刚刚好

在第3章中,我们介绍了能让对方心情变好的"附和"技巧和关键词。终于到了第4章,我将介绍通过面部和肢体的反应技巧,进一步引起对方深入交谈的方法。在进入正题之前,有一件事我想请大家记住,那就是:**根据听者的不同反应,对话的内容会发生很大的变化。**

在电视节目中,经常会拍到舞台上表演者或艺人的反应,那是为了让我们观众的热情高涨,也是为了给现场的主持人创造一个心情舒畅的说话环境。如果听者的反应很好,对话者就会兴致勃勃、妙语连珠;如果反应

第4章
有了反应，对话就会变得热烈

不足，对话的内容也会变得无聊。而且，艺人在现场做出的反应比我们想象的还要夸张。是的，是需要做得那么夸张，才能让对方明白你在做"反应"。

"反应一定要大。"

这是做出反应时的基本姿势。一开始可能会觉得不好意思，但坚持下去慢慢就会习惯了。**特别是在渐渐增多的网上交流时，做出比平时大5倍左右的反应也是可以的。**比在现实生活中见面时，做得更夸张一点儿，那种程度就刚刚好。而且，平常对话里面不怎么做出反应的人，请给出令自己都难以置信的夸张反应吧。只有这样，才能入得了对方的眼。那么，让我们来分别解说一下各种具体的反应吧。

令人受益的
说话方式

做出夸张的反应，会让对方说得更起劲儿

擅长做出反应的人，会使对话变得流畅

没有反应的人

……

啊……

聊不下去啊……

那……然后呢

↓

反应夸张的人

哇！！是这样的呀……

就是这样哦……

然后就吧啦吧啦……

好厉害啊！！

做出夸张的反应，才能让对方知道

02

后仰反应：让对方知道自己说的话有多厉害

人有用目光追随移动物体的习性

首先，我给大家解释一下"反应"的基本形式——"后仰反应"。

很多人应该看过1999年上映的大热门电影《黑客帝国》。电影中，基努·里维斯扮演的主人公为避开子弹而后仰的那个动作，就是我所说的"后仰反应"。

"reaction"为"反应"之意，这个词中"re"和"action"可以拆分开来，也就是说要对对方说的话做出"回，向后（re）"和"动作（action）"。

因此，请您也配合说话人，像基努·里维斯那样用大动作来做出反应。你可以想象自己身上有一根"威亚",心里想着要做出像《黑客帝国》里那样大的反应,做出来的程度其实刚刚好。如果再和"啊、哈、嗯、唉、哦"法则结合的话,就像这样:

"我曾经在3000个销售员中取得过第一名的成绩。"
"啊——"(后仰反应)
"五年前我还是无业游民,现在已经是亿万富翁了。"
"哈——"(后仰反应)

对方就会与你聊得很投缘。

而且,不仅是后仰,身子前倾也是十分有效的反应。例如,当你对对方说的话很感兴趣时,如果你向前倾,对方就会被你的热情吸引,说得更加热火朝天。

"刚进公司最初的几年,一点儿销售业绩都

第4章
有了反应，对话就会变得热烈

没有。"

"这样啊。"

"但是，我们换了个'魔鬼上司'，我正想要辞职，最后决定还是努力一把，谁知营业额突然开始上升了。"

"哦——"（身体前倾）

特别是在线聊天时，这种反应就很好。因为，人有**用目光追随移动物体的本能**。在画面上前后移动，对方的目光就容易落在你的身上，说话人也会朝着做出反应的你来说话。请一定要试试这个办法。

令人受益的
说话方式

为了让对方多说话，
请不要羞于做出反应

夸张一点儿的反应,效果刚刚好

后仰反应

我在三千个销售员中得了第一名!

啊——!

五年前我还是无业游民,现在是亿万富翁了。

哈——!

前倾反应

我刚进公司的时候,业绩不太好。

这样呀。

（他说得更起劲儿了。）

在我纠结要不要辞职的时候,努力了一下,业绩就上去了。

嚯——

反应激烈,对方会越说越起劲儿

03

为了进入对方的视线，随声附和时的"脖子可移动范围3倍"法则

随声附和时移动范围小，就等于没有进入对方的视线

各位在附和别人的时候，脖子会在多大的范围内移动呢？我感觉，有90%的读者在附和别人的时候，动作幅度实在是太小了。虽然我这个经验仅来自那些来听我讲课的人的情况，但恐怕我的推断也八九不离十。

首先，请大家试着用3倍于以前的幅度来进行附和吧。正如标题所说，就是"脖子可移动范围3倍"法则。因为说话这一行为占用了我们大脑大部分的"内存"，所以说话时一般不会注意听话人的表情和动作。

而且，注意不到自己所说以外的东西，是很正常的。正因如此，将自己"正在倾听"的状态准确无误地传达给对方，这样的动作如果能进入对方的视线，对方一定会非常高兴。所谓"能进入对方视线的程度"，就是运动幅度大概相当于你现在所做的3倍，请大家记住这一点。

关键是，聊得越起劲儿，越要扩大移动范围。因为聊得越起劲儿，对方就越是热情高涨，那么他就没有闲暇去关注周围的事物了。这时，为了进入对方的视线，有必要做出更大的反应。这里要用上"配合对方语速"的技术了。对于语速快的人，附和时要像听摇滚音乐一样；对于语速慢的人，附和时要像听优雅的古典音乐一样。一边使用"脖子可移动范围3倍"法则，一边配合对方的节奏进行附和，这样就无敌了。如果是在线聊天，还要大大增加附和的次数。在网上开集体会议之类的时候，如果有一个人在用力点头，那么说话人的心情也会变得高兴起来。

第4章
有了反应，对话就会变得热烈

令人受益的说话方式

配合对方的节奏，大幅度移动你的脖子

进入不了对方视线的附和是无意义的

反面例子

明天如此这般，明白了吗？

哦……

↓

真的明白了吗？

是的。

我不是说过明白了吗？

✗

附和幅度太小，
进入不了对方的视线

正面事例

明天如此这般，明白了吗？

明白了！

↓

好，加油吧！

呼，真好呀！

○

附和幅度大，
也能让对方说得安心

04

说话时略显夸张地将嘴角上扬，也许会有好事发生

靠这个表情，你也可以发财

日本第一大纳税人斋藤一人说过这样一句话："用眉毛和嘴巴画圆。"他指的是眉毛下弯，嘴角上扬，两边像画圆似的，笑口常开的样子。带着要做出这个表情的意识，来听别人说话，你就能更进一步掌握"99%从不吃亏的说话方式"了。例如，哪怕只是附和一句"是这样啊"，不管嘴角上扬与否，都会给别人留下较深的印象。给人留下好印象的嘴角上扬动作，其方法很简单，即想象着将你的嘴形成一个完全倒立的三角形。关

键是,想象的时候,嘴角上扬的幅度要尽量夸张一些。

请想象一下奥黛丽·赫本那样的微笑吧。一开始可能你的嘴部肌肉会有些酸痛,但习惯了以后,你马上就能做出这样的表情了。

令人受益的说话方式

靠这个表情,就能让对方越说越起劲儿

05 震惊时,使用有效的"瞪目反应"

搭配万能附和句来使用,效果翻倍

我们刚刚说了嘴部的动作,现在来说说眼部的动作。与其说眼部,不如说是眼珠子的动作。听到对方的话而感到震惊时,瞪大眼睛来仔细倾听的动作叫作"瞪目反应",这是非常有效的。

听者震惊的感觉,要传达给对方是格外困难的。因此,"瞪目反应"也要做得稍微夸张一些。例如,提高眼内压,让眼珠子像要飞出来似的,这就不错。

"这种事我还是第一次听说!"(瞪目)

"超有意思的！"（瞠目）

以上的情况，非常适合搭配万能附和句来使用。要追求像搞笑漫画里眼珠子要飞出来似的那种表情。下意识抬起眉毛，眼珠子自然就会前凸了。想象一下眼前突然出现了金山银山，做出那样瞠目结舌的表情，也是不错的。

令人受益的说话方式

下意识扬起眉毛，
就能轻松地向对方传达你的震惊之情

06

最能带给说话人勇气的"3倍笑容模式"

在各种反应之中,"笑容"可以称得上"王者"了,多笑笑吧

在所有反应之中,最能够给说话人增添勇气的,就是"笑"了。随着谈话的气氛越来越热烈,身体后仰、脖子的移动幅度越来越大,眼睛睁大,嘴角上扬,笑的频率也会随之增加。这就是"99%从不吃亏的说话方式"中做出反应的流程。这时,一边笑一边鼓掌,效果会更显著。虽然一边笑一边鼓掌看起来并不优雅,但会给人一种"很享受这段对话"的感觉,因而能提升别人对你的好感度。特别是在谈论着多个话题的场合,如果有笑个不停或是反应很大的人,说话人就会想要面向那个人说话,心情也会变好,就跟演员对着镜头说台词一样。当然,在说到严肃、深刻的话题时,要根据当时的场合降低声调、收敛表情。听对方说话时,一边在心中不断想着"我支持你、支持你",一边点头倾听,这么做也不错。

> 令人受益的说话方式
>
> 一边笑一边鼓掌,
> 会让别人对你的好感度直线上升

07

让受欢迎的人气讲师成为自己客户的方法

不是问"自己想问的问题",而是要问"讲师想让你问的问题"

前文介绍了一对一以及一对多的场合,要如何做出反应,这在听讲座的时候用起来也很有效。我刚自立门户的时候,其实参加了很多廉价的讲座。虽说如此,比起参加讲座来提升自我,我更想和参加者搞好关系,我想让他们成为我的客户,实际上我是"别有用心"的。

但是,我认真思考过"怎样才能让对方成为我的客户"这个问题。我想到的主意是:"和讲师搞好关系,酝酿出良好的氛围,他们就可能会成为我的客户。"我的目标就是"让大家觉得我是讲师的助手或朋友"。具体来说，我一开场就进入讲堂，对当天来讲课的老师问道："请问有什么我能帮得上忙的吗？"这样的话，老师就会以为我是"这场讲座的工作人员"，于是会放心地叫我"开一下投影仪""换一下椅子的位置"等。这时，我就会说"好，我很乐意"，并按讲师的意思照办。然后在讲座开始之后，我会在最前排的座位上反复做出夸张的反应。

比如后仰着说："唉——"眼睛瞪得大大地说："哦！"或者以"3倍笑容模式"捧腹大笑。

我这样在最前排做出夸张的反应，不久之后，讲师就会看着我来讲话。而且周围的人也会以为："坐在最前排的人，是讲师的朋友吧？或者说是偶尔来听课的名人？"在休息时间，就算没什么事，我也要站在讲师或讲台附近，就像讲师的朋友一样靠过去。

读到这里的读者，可能多多少少会觉得我这样做很奇怪吧，但意外的是，谁也没有注意到我其实不是讲师的朋友。讲师或许会觉得你是个"有点儿奇怪的

第4章
有了反应，对话就会变得热烈

听众"，但也不会叫你让开。而且，最重要的是问答环节。在这里，我们要一举取得讲师的信任。具体来说，**不要问"自己想问的问题，而要问讲师希望你问的问题（即讲师最想传达的东西）"**。提出这样的问题之后，讲师就会露出"好极了，你在认真听讲！"的表情。然后，在讲座结束之后，讲师可能会对你说"谢谢你帮我暖场"，根据当时的场合，可能还会向你发出邀请："待会儿一起去喝一杯吧？"

我已经不是一次两次遇到这样的事了。我这样认识的讲师，现在已经成了我的客户。就算讲师没有和我说话，我也会让前来听讲座的人刮目相看。因此，我在讲座之后一定会和别人交换名片，别人会问我"在做什么工作"。就这样，有好几个人成了我的客户。之后无论我问什么问题，对方都会觉得："是啊！那就是我希望你问的问题！"无论我怎么介绍自己，对方都会觉得："哇，好想再见到新井啊！"

我们在第5章、第6章继续谈吧。

令人受益的
说话方式

用「99%从不吃亏的说话方式」为讲座炒热气氛，让讲师成为自己的客户

第5章

百分之百神奇提问术：引出对方想听到的问题

01

这个提问能轻松扩展话题

让"99%从不吃亏的说话方式"效果更佳的"提问方式"

第3章我介绍了让说话人讲得越来越起劲儿的"附和句"和使用方式,第4章我介绍了让"99%从不吃亏的说话方式"进一步升级的动作反应。本章,我们要介绍能够百分之百引出对方想听到的问题的"提问术"。

读到这里,如果有人能注意到一件事,就很了不起了。是什么事呢?那就是——至今为止,关于"说话方式"的内容,我几乎没有介绍。

我只讲了"啊、哈、嗯、唉、哦"和"鹦鹉学舌"

法则，以及"这事儿我还是第一次听说！""超有趣的！"这几种固定的句型以及动作反应。不过，仅仅掌握这些，已经足够改变你的人生了。你只需要从说话的舞台上下来，就已经能进入那10%的受益人群之列了。因此，那些希望在对话中获得更多好处的人，请继续阅读接下来的内容。在第5章之后，难度会稍微提高一些。虽然这么说，但难易程度也仅仅好比是从小学一年级的难度提升到小学高年级的难度而已，请大家放心。

那么，让我们来谈谈更高一级的提问技巧吧。

"4S提问"让你和第一次见面的人轻松交谈

和别人第一次见面聊天，无论谁都会觉得有点儿麻烦。

要怎么开始话题才好？是聊天气，还是聊昨夜的新闻，还是聊工作的话题呢……在我非常认生的那段时间，和初次见面的人聊天，曾让我十分恐慌。但现在，我可以自然地与人进行对话了。因为我确定了最初要问的问题。我准备的这些问题，谁都能答得上来，而且一旦聊开，就能根据对方的反应，不断推进对话。这就是"4S提问"。"4S"是指下面四个话题，因这四个话题的首字母都是"S"，所以就称之为"4S提问"。

·住处（SUMIKA）

·老家（SHUSSIN）

·工作（SHIGOTO）

·爱好（SYUMI）

这几个问题都是为打开对方心扉而设的。我们首先来看看这些问题的使用方法吧。

最开始是问住处和老家。人在被问起自己的历史和根源的时候会感到高兴。当人被问到"你住在哪里"时，答案几乎可以脱口而出。

听者："你住在哪里？"（询问住处）

对方："我住在东京的西边哦。"

听者："住在东京的西边呀——"（"鹦鹉学舌"法则）

第5章
百分之百神奇提问术：引出对方想听到的问题

对方："差不多是乡下地方啦。"

听者："乡下地方吗——"（"鹦鹉学舌"法则）

只要像这样加入"鹦鹉学舌"，对话就会不断展开。想要延伸话题的时候，可以加入一些表示同感的话语，例如：

听者："你老家在哪里？"（询问出生地）

对方："在仙台呢。"

听者："仙台是个好地方啊。"（表示同感）

对方："你喜欢仙台吗？"

听者："是的，我旅行时去过那里好几次。"

通过"仙台是个好地方啊"这种表示同感的语句，延伸话题。如果你对那个地方完全没有兴趣，或者不熟悉情况，你可以这样提问：

"那个地方离这里多远呢？"

"那个地方的氛围是什么样的？"

"你在那里生活到几岁？"

一时间找不到有同感的语句时，也可以用"鹦鹉学舌"来回复对方。

我想，读到这里的各位或许已经注意到了，问对方的"住处"或者"老家"，并不是为了准确把握这些信息，而是表达一种"我对你的背景很感兴趣"的态度，让对方向你敞开心扉。只需要向对方传达"你想了解"的感觉，这就足够了。

表示"对你有兴趣"的问题——"工作"和"爱好"

到了这一步，我们再进一步提出一些能让对方打开心扉的问题。还有两个"S"——"工作"和"爱好"。这都是为了表示"我对现在的你很有兴趣"的意思。例如，我们可以这样询问对方的职业："你现在在

第5章
百分之百神奇提问术：引出对方想听到的问题

做什么工作？"可以这样询问爱好："你喜欢些什么东西？""你最近有没有迷上些什么呢？"

听话人："你是做什么工作的呀？"（询问工作）

说话人："汽车销售。"

听话人："汽车销售呀。"（"鹦鹉学舌"法则）

说话人："是的，我们销售指标很严格，不好办啊。"

听话人："原来如此，销售指标很严格，真不容易啊。"（"鹦鹉学舌"法则）

在某种程度上，自我介绍结束之后，就跟之前所讲到的内容差不多了。重要的是自己不要讲太多，尽量让对方来讲，要下意识去"附和"和"鹦鹉学舌"。毕竟"4S提问"只是个开始。在展开对话之后，要始终保持倾听状态。本着"90%只是听"的精神，来与人交谈。

> 令人受益的说话方式

以「4S 提问」开始,不断展开话题

第5章
百分之百神奇提问术：引出对方想听到的问题

> 和人初次见面，如果事先确定了要问的话，谈话就会变得轻松许多

1. 住处（SUMIKA）

- 你住在哪里？
- 我住在横滨。

2. 老家（SHUSSIN）

- 你老家在哪？
- 在神户。

3. 工作（SHIGOTO）

- 你在做什么工作？
- 帮助人实现梦想的咨询师。

4. 爱好（SYUMI）

- 你的爱好是什么？
- 旅游。

通过"4S提问"，向对方传达"我对你很感兴趣"的信号

02

"4S 提问"不太适用的时候，
可以横向转移问题，来试探对方的感情

对于不太适用"4S 提问"的对象，可以问些身边的问题。很多人在被问到自己的出生地、工作、爱好时都会认真回答。但是，有些人在被询问关于"4S"的问题时，完全看不出情绪波动，使谈话无法进行下去。特别是没法对对方现在的工作或爱好做出令人满意的回答时，可以将问题横向延伸。例如谈到爱好时，可以这样将"4S 提问"进行延伸：

"你还在做些什么别的事吗？"

"最近经常去哪些地方？"

但也有人会回答："我没做什么。"

第5章
百分之百神奇提问术：引出对方想听到的问题

这个意思是他本人没做什么值得一提的事，并不是真的什么也没做。对这样的人，你可以询问一些贴近身边的问题，比如："你看了什么电影？""你在听什么音乐？""你在家会做点儿什么？"等。其中，也有些人只对工作话题反应不佳，失业或讨厌现在的工作的人，对这个问题的反应会比较迟钝。如果你询问"有什么想做的工作吗"，他就会有反应。例如，对方可能会回答："我将来想从事设计方面的工作。"

像这样以"4S"为中心进行提问，对方的感情会在某个瞬间发生变化。可能他的声音会稍微变大，表情会变得柔和，或者突然看起来很开心……这种瞬间，就是对方的感情发生变化的瞬间。明白了这一点，你就可以对这方面的内容进行深入挖掘了。如果说转移询问的话题是"横向延伸"，那么深度提问就是"纵向延伸"了。

关于"纵向延伸"，将在下文详细说明。

令人受益的
说话方式

通过横向转移问题，来观察对方感情变化的瞬间

03

即使是自己很了解的话题，也要装作不知道的样子来倾听

纵向延伸话题，可使用"5W1H"来提问

当你注意到对方"对这个方面很感兴趣"时，就可以对这个问题进行纵向延伸。要怎么做呢？可以使用学生时代学到的"5W1H"提问法。

"5W1H"是指"Who（谁）、When（何时）、Where（在哪里）、What（做什么）、Why（为什么）、How（怎么做）"。用"5W1H"来提问，大概是这样的：

听话人："最近有迷上什么吗？"（What）

说话人："我迷上了无人机。"

听话人："哦——什么时候开始的呀？"（When）

说话人："从去年夏天开始的。"

听话人："是什么契机让你迷上这个的呀？"（Why）

说话人："是朋友邀请的。"

听话人："是朋友邀请的啊，那你在哪里放无人机呀？"（Where）

说话人："在家附近，无人机爱好者聚集的地方。"

听话人："哦——无人机要怎么玩呀？"（How）

如果这里加上第3章、第4章介绍的附和句和动作反应，对话大致就是这样的：

听话人："最近有迷上什么吗？"（What）

说话人："我迷上了无人机。"

听话人："哦——喜欢玩无人机的人，我还是

第5章
百分之百神奇提问术：引出对方想听到的问题

第一次遇见呢！什么时候开始的呀？"（"啊、哈、嗯、唉、哦"法则、"瞠目反应"、夸赞、When）

说话人："从去年夏天开始的。"

听话人："去年夏天开始的啊，是什么契机让你迷上这个的呀？"（"鹦鹉学舌"法则、Why、"前倾反应"）

说话人："是朋友邀请的。"

听话人："哦——是朋友邀请的啊，那你在哪里放无人机呀？"（"啊、哈、嗯、唉、哦"法则、"鹦鹉学舌"法则、Where）

说话人："在家附近，无人机爱好者聚集的地方。"

听话人："嗯——这种地方我还是第一次听说！无人机要怎么玩呀？"（"啊、哈、嗯、唉、哦"法则、"后仰反应"、夸赞、How）

进行"纵向延伸"提问的时候，正如其字面意义，你要带着不断深入发掘的意识来询问对方。

没有必要向对方提出什么意见,或给出什么建议,只要不断以"5W1H"为中心,提出问题就好了。当你对某件事比对方了解得更多的时候,对方可能会突然畏缩。正因为这样,你才不能就此抢过话题,一边说"我的情况如何如何",一边和对方登上同一个舞台。带着从对方的话中"寻宝"的观念,全心全意地倾听,就会有意想不到的发现。因此,尽量少谈论自己,要让对方来说。绝对不要和对方站上同一个舞台,请大家将这一点铭记于心。

令人受益的说话方式

对别人说的话题,
始终要带着发现新事物的观念去听

第6章

实践"99%从不吃亏的说话方式"

01

"99%从不吃亏的说话方式"的成功模型和失败模型

在话术上受益的人和吃亏的人，差别就在这里

接下来，我将把第3章至第5章所讲的附和句、动作反应、提问方式等结合起来，介绍一些能让对方心情愉悦地在舞台上演出的对话例子。

尤其是"常见的反面例子"和"或许有些意外，却让你从中受益的例子"。我会根据不同情景进行介绍。当然，我并不是说模仿这些例子，你就能很好地开展对话，但如果你能发现"原来是这种感觉，我也能做到"，那么我就非常欣慰了。

第6章
实践"99%从不吃亏的说话方式"

对说起话来很兴奋的人,通过"鹦鹉学舌"法则来让他整理思路。

对说起话来很兴奋的人,"鹦鹉学舌"法则是很有效的。比如以下例子,上司有些兴奋的感觉,但通过"鹦鹉学舌"法则,能使他冷静下来。

(反面例子)

上司:"新井!你去美国出差的事,被总务驳回了!"

新井:"那就难办了。"

上司:"据说因为没有先例,所以就没法同意。"

新井:"不,请您帮我想想办法吧。"

上司:"这——话虽如此……"

新井:"这个公司是靠销售生存下来的,请部长您态度强硬一点儿去跟他们说吧!"

上司:"你在说什么呢,要说你自己去说吧。"

（正面例子）

　　上司:"新井！你去美国出差的事，被总务驳回了！"

　　新井:"被驳回了呀。"（"鹦鹉学舌"法则）

　　上司:"据说是因为没有先例，所以就没法同意。"

　　新井:"因为没有先例呀！"（"鹦鹉学舌"法则）

　　上司:"这么说很不妥，对吧？毕竟这个公司是靠销售生存下来的。"

　　新井:"是啊，是销售在支撑着的。"（"鹦鹉学舌"法则）

　　上司:"对吧！好，我再去跟他们交涉看看吧。"

　　新井:"拜托您了。"

　　从正面例子可以看出，新井没有发表任何意见，只是重复上司的话而已。仅凭这一点，上司就能获得新的发现，受到鼓励并采取行动。综上所述，"鹦鹉学舌"

第6章
实践"99%从不吃亏的说话方式"

法则具有让对方厘清思路的效果。

从心理学的角度来说，人们往往会对让自己头脑清醒的人产生感激之情。说话人会觉得"我很高兴，我想要回报你"。

这就是最好的说话方式。

令人受益的
说话方式

用"鹦鹉学舌"法则让对方厘清思路，同时你也会得到赞美

02

对易怒的人用"鹦鹉学舌"法则，会让他们意识到自己的无理

为什么用"鹦鹉学舌"法则能让对方意识到自己的无理呢？

对于动不动就发火的上司和利用职权进行骚扰的前辈来说，"鹦鹉学舌"法则的效果也很好。

（反面例子）

上司："新井，你去这个客户那里说明一下情况吧。"

新井："怎么说明？"

第6章
实践"99%从不吃亏的说话方式"

上司:"总之先去道歉!"

新井:"但我现在还有很多工作要做呢。"

上司:"你无权拒绝,赶紧给我去!"

新井:"好好好……"

(正面例子)

上司:"新井,你去这个客户那里说明一下情况吧。"

新井:"哎,说明情况吗——"("鹦鹉学舌"法则)

上司:"这个客户气得不得了了。"

新井:"原来如此,客户很生气呀。"("鹦鹉学舌"法则)

上司:"嗯——这可能比较难为你了……我找别人帮忙吧。"

对越是可怕的上司,用"鹦鹉学舌"法则的效果就越好。因为,"鹦鹉学舌"法则能呈现出对方是在提出无理的要求。然后，我们把对方的话原封不动地返回去，对方就会沉默。关键在于，**不要有羞辱对方或是挑起矛盾的心理。**让对方站在对话的舞台上，想象我们站在舞台下方，一心一意地为对方打灯光的样子吧。

令人受益的说话方式

用"鹦鹉学舌"法则让对方发现自己的矛盾，对方就会自行改正

第6章
实践"99%从不吃亏的说话方式"

> "鹦鹉学舌"法则对动不动就发火的上司很有效

反面事例

- 新井,你去这个客户那里说明一下情况吧。
- 怎么说明?
- 总之先去道歉!
- 但我手头上还有很多工作……
- 我让你赶紧去!
- ……

正面事例

- 新井,你去这个客户那里说明一下情况吧。
- 哎,说明情况吗——
- 这个客户气得不得了了。
- 客户很生气呀……
- 这可能比较难为你了,我找别人帮忙吧。
- 太好了!

用"鹦鹉学舌"法则对付胡说八道的人,他就知道自己有多胡言乱语了。

03

与部下或学生说话时，不要插入自己的意见

人们不是因为接受他人说的话，而是因为接受自己说的话，才去行动的

根据我的培训公司在世界15个国家或地区展开的调查得知，日本仅次于中国、泰国，是上司说话多于部下的国家。从这个数据可以看出，认为自己懂得更多的上司，倾向于自己说得更多。因此，身为部下或者学生的你，请有意识地"让对方去说"吧。下面这个例子是我的学生小N和部下交谈的真实例子。

第6章
实践"99%从不吃亏的说话方式"

（反面例子）

部下："部长，我通宵做完准备给A公司的报告，现在很困啊。"

小N："啊？我从来没有听说过你熬夜呢。"

部下："不好意思，不过我总算完成得还不错，请您看看可以吗？"

小N："（抢过话头）你傻吗？写那个报告，还不如'公关公关'他们呢！"

部下："不是的，我们也有竞争对手，现在已经不是那样的时代了……"

这次对话之后，部下就辞职了，这个项目也泡汤了。那么，小N要怎么应对才比较好呢？

（正面例子）

部下："部长，我通宵做完准备给A公司的报告，现在很困啊。"

小N："熬了个通宵呀——"（"鹦鹉学舌"

法则）

　　部下："不好意思，不过我总算完成得还不错！"

　　小N："做得蛮好啊。"（"鹦鹉学舌"法则）

　　部下："我们也有很多竞争对手，因此我在不断努力呢。"

　　小N："唉——！做了不少努力呢。加油呀！"（"啊、哈、嗯、唉、哦"法则、"鹦鹉学舌"法则、夸赞）

　　部下："是！"

如果对话是这样展开的，部下的积极性就会提高，也会不断成长起来。

接下来我们看看老师和学生对话的情况。

（反面例子）

　　老师："你想考哪个大学呢？"

　　学生："我想考××大学的医学部。"

第6章
实践"99%从不吃亏的说话方式"

老师："嗯——以你现在的成绩,有点儿难度啊,要更努力学习才行。"

学生："果然如此……"

老师："你为什么想去医学部呢?"(Why)

学生："因为医生似乎能赚很多钱……"

老师："不不不,其实在大学医院和私人医院工作都很辛苦的。"

学生："……(不再和老师聊了)"

(正面例子)

老师："你想考哪个大学呢?"

学生："我想考××大学的医学部。"

老师："哦——想做医生呀!你为什么想做医生呢?"("啊、哈、嗯、唉、哦"法则、Why)

学生："因为当医生又帅又能赚钱!"

老师："因为医生又帅又能赚钱呀——"("鹦鹉学舌"法则)

学生："而且这份工作关乎人命,我也想帮助别人。"

老师："唉——想要帮助别人呢。"（"啊、哈、嗯、唉、哦"法则、"鹦鹉学舌"法则）

学生："就是这样！我会努力的！"

即使是自己的学生或部下，也要让对方说90%的话。这样一来，他们就能自己思考、自己说服自己、自己采取行动。需要注意的是，不要夹杂你的意见。因为人们会对经过自己思考而采取的行动持有积极向上的态度，他们不需要听众的意见。

令人受益的说话方式

让部下或学生说90%的话，他们就会自发地采取行动

04

与潜在客户交流时，请暂时忘掉推销的工作

以"4S提问"开始，请把精力集中在聊得起劲儿的事情上

与潜在客户交谈时，不要一开始就谈商品。这是铁则。首先要以"4S"问题为线索，从询问对方的近况开始。重要的是，要把注意力聚焦在"对方的人生"上。也就是说，要暂时把推销商品的事放在一边。倾听时，只考虑如何让潜在客户高兴，如何让他们感到富足。

那么，我们马上来看一下吧。

（反面例子）

　　销售员:"幸会幸会。"

　　潜在客户:"彼此彼此,请多多关照。"

　　销售员:"今天天气真不错呢。"

　　潜在客户:"是呀。"

　　销售员:"我把本公司服务的提案资料拿来了,请让我给您说明一下好吗?"

　　潜在客户:"我倒没什么需要。"

　　销售员:"这样啊?您先听我给您讲讲吧。"

　　潜在客户:"……"(你别再来了!)

和潜在客户对话时非常有效的方法是"5W1H"提问法,这一技巧能引出对方认为十分重要的价值观。你会获得对方的感谢,生意也能做得顺利。

（正面例子）

　　销售员:"非常感谢您给我这宝贵的时间。(郑重地低下头)"

第6章
实践"99%从不吃亏的说话方式"

潜在客户:"哪里哪里,我才要感谢您拨冗会见呢。"

销售员:"很抱歉占用您宝贵的时间。××,您感觉最近的状态怎么样,最近在做点儿什么呢?"(What)

潜在客户:"啊呀,也没什么好不好的吧,工作有一大堆。或者说现在的很多年轻人都我行我素吧……"

销售员:"很多年轻人都我行我素呀……"("鹦鹉学舌"法则)

潜在客户:"就是啊——就算有客户聚餐,也会说自己因私事要回去,下单的时候还会点鸡尾酒……"

销售员:"这样吗——现在的年轻人都回家不陪客户了。"("鹦鹉学舌"法则)

潜在客户:"虽然我觉得不能老说以前的事,但客户请你喝酒,就是签订合同之前的最后一步了吧,本该兴高采烈地去啊——"

销售员:"这样吗?快要签合约的时候,要欣

然赴会，我真是学到了！"（"鹦鹉学舌"法则、夸赞）

潜在客户："没——错！酒桌交流，这就是销售的最终秘诀啊！"

销售员："最终秘诀啊！"（"鹦鹉学舌"法则）

潜在客户："你真是个听得懂话的人，那份提案给我看看吧。"

销售员："啊，真的！得要像贵公司这样销售能力强的公司，才需要这种服务呀。谢谢您！"

潜在客户："那，价格是多少来着？"

在这里"我真是学到了"和"这事儿我还是第一次听说"的意思大致相同。通过"What"提问，问出对方的价值观（酒桌交流对销售是十分重要的），并用"我真是学到了"这句话表达对对方价值观的肯定。通过这一连串的交流，潜在客户和销售员之间的距离马上就缩小了，最后销售员什么也没说，客户也会对他所推销的产品感兴趣。

第6章
实践"99%从不吃亏的说话方式"

这个技巧虽然有些难度，但也请尝试一下，它会让你的销售变得出奇顺利。

令人受益的说话方式

引出对方的价值观并予以肯定，百分之百能让对方说"YES"

非情绪化沟通

和潜在客户说话时,不要推销自己的产品

- 最近过得怎样?在做些什么?
- 工作有一大堆呀。而且现在的年轻人都太我行我素了。
- 我行我素呀……
- 他们就算在和客户聚餐,也会中途回家。

- 现在的年轻人都回去了呀。
- 和客户聚餐是签合同之前的最后一步了。
- 快要签下合同的时候,要欣然赴会。我真是学到了。
- 酒桌交流就是销售的最终秘诀啊!

- 最终秘诀啊!
- 你真是个听得懂话的人,之前的提案可以给我看看吗?
- 太感谢了!
- 待会儿把报价发给我吧。

05 接待客户时,用"5W1H"提问,引出客户未察觉的需求

客户很少能意识到自己真实的需求

在接待客户时,首先要从倾听客户开始——想要把产品用来做什么?怎么使用?可以通过"5W1H"提问,引出对方所重视的价值理念,来延展话题。

(反面例子)

客户:"不好意思,我想买台电脑。"
店员:"欢迎光临,我们有很不错的型号哦。"
客户:"是吗?"

店员:"这个秋天,我们出了高配的限量版,CPU也是最新的型号,外壳也是带有光泽的时尚黑呢。"

客户:"嗯……我不太懂,下次再来吧。"

(正面例子)

客户:"不好意思,我想买台电脑。"

店员:"欢迎光临,这个电脑您打算用来做什么?"(What)

客户:"我打算用来做互联网生意的。"

店员:"做互联网生意吗——好厉害呀!不介意的话,可以说说您准备怎么用吗?"("鹦鹉学舌"法则、夸赞、How)

客户:"我想在咖啡馆里用……"

店员:"想在咖啡馆里用,真好啊!"(夸赞、"鹦鹉学舌"法则)

客户:"我之前就很想这么做了,但因为家里有孩子,非常不方便。"

第6章
实践"99%从不吃亏的说话方式"

店员:"您以前就很向往这样了呀。"

客户:"正是。那……我想要一台笔记本电脑。"

店员:"好的,如果您要笔记本电脑,现在我们新出了高配限量版的型号……"

客人:"我买了!"

令人受益的说话方式

通过"5W1H"引出对方真实的需求,就能给他提供最合适的东西,并获得感谢

06

在研讨会或交流会上,不要刻意展示自己

在大家都想展示自己的场合,"从舞台上下来"的人更耀眼

在交流会或研讨会上,气氛非常热烈,经常会有能发展事业的机会。在工作和人生中,有的人能利用好这种场合,有的人则不能,关键在于说话方式。在交流会或是研讨会这种大家都想展示自己的场合,要比平常更有意识地"从舞台上下来""把聚光灯打在对方身上",这样就能顺利开展对话了。我们以研讨会上认识的人之间的对话作为例子,一起来看看吧。

第6章
实践 "99%从不吃亏的说话方式"

（反面例子）

A："您好，我是做网络营销的，可以给您一张我的名片吗？"

B："好的。"

A："我在帮各种人做市场营销，如果您身边有人需要的话，请介绍给我吧！"

B："好……"（脸皮真厚啊）

A："啊，您有××社交平台的账号吗？我们会在这个平台上推送活动，待会儿咱们加个好友吧？"

B："……"（我就算有事也不会找你们帮忙的）

（正面例子）

A："您好，您是从哪儿来的？"（Where）

B："我从横滨来的。"

A："从横滨来的呀，我好喜欢横滨！"（夸赞）

B："谢谢！"

A："您是做什么工作的？"（What）

B："我在运营××网站。"

A："唉——在运营××网站呀！好棒呀！"（"啊、哈、嗯、唉、哦"法则、"鹦鹉学舌"法则、夸赞）

B："你在做什么工作呢？"

A："我在做网络营销！"

B："网络营销吗？如果以后你需要招揽客户，就来找我吧。"

A："那真的太好了。"

令人受益的说话方式

不是展示自己，而是让对方来说，那么对方也会关心你

07

掌握了"99%从不吃亏的说话方式",为什么会这么受欢迎?

人都会喜欢能认真听自己说话的人

我的学生之中有许多人,经过训练变得十分受欢迎。他们会怎样开展对话呢?让我们来看看下班之后如何约会吃饭的例子吧。

(反面例子)

男朋友:"我今天工作很不容易啊!"
女朋友:"我也很难呢!"
男朋友:"有客户来投诉了,又不是我的错,却把怒火全撒到我这个窗口工作人员身上。"

女朋友："是吗，我今天也被客户骂了个狗血淋头。"

男朋友："是吧。"

女朋友："我都要哭了，你安慰安慰我呀。"

男朋友："不不不，诚心诚意道歉的话，反而会得到好的评价哟。我今天也这么做了。"

女朋友："不行不行，我可不想道歉！"

男朋友："这样吗……"（我难得说了些好话呢）

（正面例子）

男朋友："我今天工作很不容易啊！"

女朋友："不容易啊！"（"鹦鹉学舌"法则）

男朋友："是啊，有客户来投诉了，又不是我的错，却把怒火全撒到我这个窗口工作人员身上。"

女朋友："啊？明明不是你的错。"（"鹦鹉学舌"法则）

男朋友："是啊，客户生气也不是无理取闹啦，

第6章
实践"99%从不吃亏的说话方式"

但被骂的那个后辈一副若无其事的样子，只有我在一个劲儿地道歉……"

女朋友："这样啊，你太难了。明明不是自己的错，却能向别人道歉，真了不起！"（表示同感、夸赞）

男朋友："真的。但是，因为我的诚意和迅速的处理，对方的气消了，对我也更信赖了……嘿嘿嘿。"

女朋友："唉——很棒嘛！"（"啊、哈、嗯、唉、哦"法则、夸赞）

男朋友："谢谢！窗口工作少了我可不行！"

> 令人受益的说话方式
>
> 和恋人及搭档说话，让对方说90%的话，就能加深彼此的关系

08 不必多言也能给人留下印象的"自我介绍"方法

60秒的自我介绍刚刚好

应该有很多不擅长自我介绍的人。但是,学校、职场、研讨会、旅游目的地……我们不知会在什么场合被要求自我介绍,如果能做出有效的自我介绍,对方对你的好感度会大幅提升,对方想和你聊天的可能性也会大大提高。在这里,我教大家一个我在讲座上也会教的"不必多言也能给人留下印象的自我介绍法"吧。

"新井流"自我介绍法的关键,就是尽力让自己不要说太多。在讲座上,我会给大家做5秒、30秒、60秒

第6章
实践"99%从不吃亏的说话方式"

的自我介绍。60秒以上的自我介绍就不必了。(为什么不需要60秒以上的自我介绍呢？我将在后文说明)

我们来看看吧。

①我是谁

②想与我的工作和人生产生关联的人(目标对象)

③目标对象所面临的课题

④目标对象为了解决问题所拥有的技能

⑤目标对象用自己的技能解决问题时产生的价值

⑥对方和自己交往会有什么好处

⑦愿景(如何看待世界)

将以上7个要素搭配组合，概括为60秒的自我介绍，就能简洁明了地介绍自己了。我60秒版的自我介绍是这样的：

我是来自神户的新井。(①)

我平时给人做心理辅导，帮助别人实现梦想。（②）我每天给那些想做点儿什么却没有做的人、不知道自己想做点儿什么的人（③）进行一对一的辅导，帮他们梳理出自己想做的事，（④）并支持他们实现自己想做的事。（⑤）我的辅导优势是，有相当高的概率让来访者能实现自己想做的事。（⑥）我希望每个人都元气满满，周围的人也变得神采奕奕，我以此为目标进行着每日的活动。（⑦）请多多指教。

这里只要①+②就可以得到5秒版的自我介绍，①+②+③+④+⑤就是30秒版的自我介绍了。

大家觉得如何？只要准备一次，就可以多次使用，而且每次自我介绍时，也不用为说什么而紧张，因此我非常推荐使用。

刚才我说过，不需要超过60秒的自我介绍，这是有原因的。

因为人不可能集中精力听别人讲那么长时间的话。

据说人的短期记忆只有几十秒左右。因此，说得越

第6章
实践"99%从不吃亏的说话方式"

长,对方就越记不住。

有实验表明,从听到别人自我介绍开始到觉得这个人不错,大概需要40秒。如果说得再详细些就是:
- 判断自己想听这个人说话,大概需要7秒
- 接下来开始认真听这个人说话,大概10秒
- 想要和这个人结交,再需要10~20秒

因此,仅仅是30~40秒的时间,对方就决定了"想不想和你这个人说更多的话"。

之前,我有个女学生有机会在聚会上做自我介绍。当时,很多人都想展示自己,而她的自我介绍却十分简短且留有余地,结果最吸引人的就是她。大家都希望和她建立工作联系,并问道:"您具体是在做什么样的工作呢?""可以再详细说说吗?"

自我介绍不用说两三分钟,60秒左右刚刚好。请大家记好了哦。

令人受益的
说话方式

以7个要素为基础,做60秒的自我介绍,有些人自然会被你吸引

人生会发生好转的原因——掌握了"99%从不吃亏的说话方式"

非常感谢您将本书读到最后。

有的人一口气读完之后就开始实践了,也有的人一边实践一边阅读,最终来到了这里。现在我写完本书,深有感触。我认为我不善言辞的根本原因在于"自我认同感低"。

"反正大家都觉得我说话没意思。"
"反正没人听我说的话。"
"我做什么都不顺利,是个没用的人。"

为了弥补这种低得离谱的自我认同感，我想出了"从对话的舞台上下来，在观众席上给说话人打聚光灯"的方法。

尽管我说出了一些事先编好的动听的话，但实际上我的自我认同感很低，为了能和习惯于登上舞台、舌灿莲花的人交流，不，是为了不和他们抢舞台，我只有一个选择，那就是主动走下舞台。走下演讲的舞台，转而支持演讲者，这是弥补自我认同感低的最佳方法。但是，多亏了这个方法，说话者的自我认同感不断增强。结果，我的自我认同感也不断增强。多亏了它，我现在已经能毫不胆怯地面对几千人发表讲话，也不再害怕一对一谈话时会冷场了。

最终，掌握"99%从不吃亏的说话方式"其实就是增强"自我认同感"。

自我认同感高的人，在和人交流的时候不会勉强自己，在这样的人身上会发生一种良性循环。因为他能做到先仔细倾听对方的说法，然后再谈自己的想法。所以，对方会放心地和他说话，也会十分信赖他。这样就会有好结果。而得到对方信赖的他，也会不断遇上好事，自我认同感也会随之增强。我自己在掌握了"99%从不吃亏的说话方式"之后，真的改变了人生。

"我原来一直很讨厌自己，现在变得喜欢自己了。真幸福啊！"

"我有个熟人掌握了这个技巧后变得幸福了。我也感到很幸福呢！"

"我一直忍受着想做而不敢做的痛苦，现在我意识到不必如此，真幸福啊！"

"我能让大家绽放笑颜，真幸福啊！"

"我能看到某某让某某幸福，我也感到很幸福啊！"

"我知道大家都非常努力，真是幸福啊！"

当你知道大家都在挣扎中努力地活着时，你就会感到人是多么可爱，也会变得越来越能信任他人。这听起来虽然有点儿像个伪善者，但人生的幸福或许就是这样。我现在是打心底这么想的。

人每分每秒都在老去。我可以肯定地说，在现在这个瞬间我是最幸福的。过了40岁，我还能这么从容不迫地说出来，我感到非常高兴。在很长一段时间里，我都在怀疑自己活着到底有什么价值。尽管现在我已经搞明白了，但最初我要写这本书的时候，还十分纠结。这种"99%从不吃亏的说话方式"，不仅是我，还有我的学生都在用，可以说是"秘密配方"。不怕直说，我觉得付出那么多心血才悟出的终极道理，就这么公之于众，实在是不情愿。（笑）

但是，现在的我不这么想了。公开发表这种"99%从不吃亏的说话方式"，可以让更多的读者受益，兜兜转转，最终还是会回馈到我自己身上，我对这一点再清楚不过了。

爱的反面是冷漠，冷漠的反面是爱。

这是特蕾莎修女的话。

你的点头、你的附和、你的提问,能让别人感到幸福,也会为你带来爱,这不是一件非常美好的事吗?总之,请相信本书,去实践本书介绍的各种技巧吧。

最后,我想向协助我撰写本书的佐藤友美女士,从事策划、编辑的越智秀树先生和美保女士表示感谢。还有给了我这次难得的出版机会的、昂舍的上江州安成主编。我再次向他们表达衷心的感谢。

希望这本书能让你和你身边的人都变得幸福,希望从你身上得到幸福的人们,将幸福带给身边更多的人。

谢谢大家!

新井庆一